1770

Hi!

vive le français!

G. Robert McConnell
Coordinator of Modern Languages
Scarborough Board of Education
Scarborough, Ontario

Rosemarie Giroux Collins
Elora Senior Public School
Wellington County Board of Education
Elora, Ontario

Alain M. Favrod
Undergraduate Coordinator
Department of French Studies
York University
Toronto, Ontario

4

Addison-Wesley Publishers
Don Mills, Ontario • Menlo Park, California • Reading, Massachusetts
Amsterdam • London • Manila • Paris • Sydney • Singapore • Tokyo

Consultants

Anita Dubé
Professor, Faculty of Education
University of Regina
Regina, Saskatchewan

Donald Mazerolle
French Coordinator
School District 15
Moncton, New Brunswick

Maria Myers
Head of Modern Languages
Queen Elizabeth High School
Halifax, Nova Scotia

Nicole Calestagne-Morelli
French Coordinator
Burnaby School District
Vancouver, British Columbia

Claire Smitheram
French Coordinator
School Unit #3
Charlottetown, Prince Edward Island

Design and Art Direction:
Maher & Murtagh

Illustration:
Graham Bardell
Colin Gillies
Graham Pilsworth
Bob Seguin
Jerrard Smith

Cover Illustration:
David Cousins

Printed in Canada

ISBN 0-201-14721-1

D E F G H   BP   90 89 88 87 86

photo credits:

Alinari/EPA, p. 39; Mike Barber, pp. 17, 101, 106, 133; Mike Bracken, p. 17;
CIDEM–Ville de Montréal, p. 128; Commissariat général au Tourisme, p. 129;
Agustin Estrada, p. 69; Ian Fraser, p. 101; Gouvernement du Québec, Direction
générale du Tourisme, p. 157; Marshall Henrichs, p. 69; Victor C. Last, p. 69;
Manitoba Government Travel, pp. 17, 168-9; G. R. McConnell, pp. 101, 129; Mil-
ler Services, pp. 69, 94, 95; Stephen La Frenie, The Mime Company Unlimited,
p. 161; Ontario Ministry of Industry and Tourism, pp. 69, 73; Régie Autonome
des Transports Parisiens, p. 129; Swiss National Tourist Office, p. 69; Toronto Star
Syndicate, p. 37; Vancouver Whitecaps, p. 37; Ville de Montréal, Service des
Relations publiques, p. 128; The Wellesley Hospital, Toronto, p. 85; Andy Yull,
p. 25.

table des matières

SAMEDI, LE 22 OCTOBRE
À 20 h 00
LE CLUB DRAMATIQUE
DE L'ÉCOLE MERCIER
PRÉSENTE

LA MORT DU DÉTECTIVE
— UNE PIÈCE EN TROIS ACTES —

PERSONNAGES

Mme Ronsard........Claire Gagnon
M. Ronsard.........Paul Legrand
L'Inspecteur....Alain Beaupré
Yvette................Lise Duclos
Le Détective........Guy Larose

Metteur en scène.....Roger Lanvin
Costumes.........Hélène Marchand
Maquillage...........Gilles Dubé
Publicité.......Andrée Rochon♥

1

language   the imperative forms of verbs

communication   giving instructions, directions and suggestions

situation   rehearsing a play

petit vocabulaire du théâtre   **le maquillage**   make-up   **un personnage**   character

parlez fort!

Demain soir, le club dramatique de l'école Mercier présente une pièce française. Tout le monde est très nerveux. Aujourd'hui, après les classes, les élèves répètent la pièce pour la dernière fois. Alain et Claire jouent les rôles de l'inspecteur et de Mme Ronsard. Mlle Gendron donne des instructions aux acteurs et aux actrices…

«Écoutez bien et faites attention, s'il vous plaît! La salle est très grande, alors, parlez fort et prononcez bien chaque mot! Vous êtes prêts? Alors, prenez vos places… Commençons!»

Mme RONSARD – Bonjour, monsieur l'inspecteur!

L'INSPECTEUR – Bonjour, madame! Comment allez-vous?

Mme RONSARD – Ah, monsieur l'inspecteur! Pas très bien!
Pas très bien!

L'INSPECTEUR – Ne soyez pas nerveuse, madame. Restez
calme et racontez toute l'histoire,... lentement,
s'il vous plaît.

Mme RONSARD – Eh bien, ...

Mlle Gendron arrête la répétition. Comme d'habitude, elle a des
suggestions.
«Non! Non! Non! Arrêtez! Arrêtez! Claire, ne parle pas si vite!
Prends ton temps! Alain, ne sois pas si nerveux! Après tout, c'est toi
l'inspecteur! Eh bien, continuons! Finissez la scène!»

Après la répétition, Mlle Gendron parle avec ses élèves.

«Bravo! C'est très bien! Demain, soyez ici une heure avant la
présentation! Oh! Attendez un peu! N'oubliez pas les billets pour
vos parents! Ils sont sur mon bureau. Merci beaucoup tout le
monde! À demain!»

vocabulaire

masculin
un acteur	actor
un mot	word

féminin
une actrice	actress
une fois	time, occasion
une histoire	story
la mort	death
une pièce	play
une répétition	rehearsal

verbes
arrêter	to stop
attendre	to wait (for)
continuer	to continue
jouer	to play
oublier	to forget
prononcer	to pronounce
raconter	to tell, to relate
répéter	to rehearse; to repeat

adjectifs
calme	calm, quiet
chaque	each, every
nerveux (-euse)	nervous
prêt	ready

adverbes
bien	well
fort	loudly
lentement	slowly

expression
attendez un peu!	wait a second!

les mots-amis

un club	un rôle
une instruction	une scène
une place	une suggestion
une présentation	

as-tu compris?

1. Que font les élèves après les classes aujourd'hui?
2. Mlle Gendron dit: «Parlez fort!» Pourquoi?
3. Comment est Alain pendant la répétition?
4. Qu'y a-t-il sur le bureau du professeur?
5. Quand est-ce que le club dramatique présente la pièce? Sois précis(e)!

entre nous

1. Y a-t-il un club dramatique à ton école?
2. Y a-t-il d'autres clubs à ton école? Quel est ton club favori?
3. Est-ce que tu aimes les pièces? Pourquoi?
4. Qui est ton acteur favori? ton actrice favorite?
5. Préfères-tu les pièces ou les films?
6. Quel est ton film favori?
7. Qu'est-ce que tu aimes mieux, le cinéma ou la télé? Pourquoi?
8. Qui est Sherlock Holmes?
9. Est-ce que tu parles vite ou lentement le français? l'anglais?
10. Es-tu souvent nerveux ou nerveuse? Quand? Pourquoi?

as-tu remarqué?

une instruction	une répétition
une présentation	une suggestion

Complète les phrases!
1. L'inspecteur commence ... investigation complète.
2. Mme Ronsard donne ... description du suspect.
3. L'inspecteur attend ... identification précise.
4. Il fait ... évaluation de toute l'évidence.
5. Enfin, il arrive à ... solution.
6. Il fait ... accusation contre M. Ronsard!

observations

l'impératif

"Imperative" verb forms are used to give directions or instructions. Here are some examples:

phrases affirmatives
Écoute ton frère!
Va à la porte!
Commençons le travail!
Mangeons chez Mario!
Prenons le métro!
Faites vos exercices!
Soyez aimables!
Finissez le test!

phrases négatives
N'écoute pas ton frère!
Ne va pas à la porte!
Ne commençons pas le travail!
Ne mangeons pas chez Mario!
Ne prenons pas le métro!
Ne faites pas vos exercices!
Ne soyez pas aimables!
Ne finissez pas le test!

les infinitifs et les formes impératives

parler	finir	attendre	aller	être
parle	finis	attends	va	sois
parlons	finissons	attendons	allons	soyons
parlez	finissez	attendez	allez	soyez

The imperative forms of most verbs are the same as the forms which follow the pronouns **tu, nous** and **vous** in the present tense.

With **-er** verbs (and the verb **aller**), the **tu** form of the imperative does **not** end in the letter "s".

The imperative forms of the verb **être** do not follow the regular pattern.

le verbe répéter

je répète	**nous** répétons
tu répètes	**vous** répétez
il répète	ils répètent
elle répète	elles répètent

√ Preferer

Attention aux accents et à la prononciation! Le verbe **répéter** est comme le verbe **préférer**!

on y va!

A je sais l'impératif!

Donne les trois formes de l'impératif des verbes suivants.

1. arrêter, continuer, répéter, manger, commencer
2. finir, réfléchir, choisir
3. vendre, répondre, attendre
4. aller, être, faire, prendre

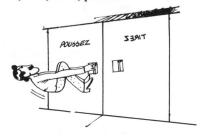

B oui, maman! oui, papa!

Souvent, les parents ont beaucoup d'instructions pour leurs enfants! Joue le rôle d'un parent et parle à tes enfants!

1. faire / vos lits ▸ **Faites vos lits!**
2. ranger / vos chambres
3. prendre / un bain
4. finir / tout le repas
5. répondre / au téléphone
6. arrêter / cette musique
7. ne / aller / pas loin
8. ne / parler / pas si vite
9. ne / être / pas si difficiles
10. ne / manger / pas comme ça
11. ne / rentrer / pas trop tard
12. ne / chanter / pas si fort

C l'art du cinéma

C'est toi le metteur en scène! Donne des instructions au caméraman et aux grands acteurs, Maurice Lebel et Brigitte Labombe!

1. Maurice / parler fort ▸ **Parle fort!**
2. les acteurs / prendre vos places ▸ **Prenez vos places!**
3. Maurice / parler naturellement
4. Brigitte / être sympathique
5. tout le monde / arrêter la scène
6. Maurice / prononcer chaque mot
7. les acteurs / finir la conversation
8. tout le monde / attendre un instant
9. Maurice / regarder Brigitte
10. tout le monde / rester calmes
11. le caméraman / attendre mon signal
12. les acteurs / répéter encore une fois

D opinions contraires

Lise, Marc et leurs amis cherchent une bonne activité, mais ils ne sont pas tous d'accord! Jouez les rôles une fois, puis changez de rôle.

– Alors, qu'est-ce que nous faisons?
Allons à la piscine!
– Non! N'allons pas à la piscine!
Allons au cinéma!

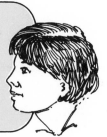

1. aller en ville
   aller chez Marcel

2. regarder le match
   écouter des disques

3. manger une pizza
   manger des hamburgers

4. rester à la maison
   visiter Jean-Claude

E les associations

Quelle expression de la liste B va avec l'expression de la liste A?

liste A

1. Nous avons faim!
2. Il fait très chaud aujourd'hui!
3. Ah non! Il y a un test ce matin!
4. Oh là là! Il est déjà minuit!
5. Zut! Je suis fauché!
6. Il y a une party chez Paul!
7. Tu es pressé?
8. Je ne réussis pas à l'école!
9. Le stade est loin d'ici!
10. Il n'y a pas de lait dans le frigo!

liste B

Demande de l'argent à ton père!
Alors, fais attention en classe!
Non! Prends ton temps!
Alors, prenons l'autobus!
Bon! Allons-y ce soir!
Alors, va à l'épicerie!
Oui! Allons à la piscine!
Eh bien, mangez quelque chose!
Rentrons vite!
Sois calme! Il n'est pas difficile!

F tu n'es pas prêt?

A – Tu n'es pas prêt, **Robert?**
B – Pourquoi?
A – Tu oublies? Ta **leçon de piano** commence bientôt!
B – Zut! Je suis en retard!
A – Reste calme et sois prêt dans cinq minutes!
B – D'accord!

1. Richard
   match

2. Hélène
   répétition

3. les enfants
   film

4. M. Legrand
   interview

G entre copains

A – **Organisons une party!**
B – Bonne idée! Téléphonons à **Henri!**
A – Tu es fou! N'invite pas Henri!
   Il est **pénible!**
B – C'est vrai, mais il a **une belle collection de disques.**
A – Tu as raison! Invite Henri!

1. aller au film d'horreur
   Alice
   nerveux
   beaucoup d'argent

2. faire du tennis
   Jules
   pénible
   trois raquettes de tennis

3. aller en ville
   le frère de Paul
   ennuyeux
   une belle voiture de sport

après le théâtre

Après le cinéma, beaucoup de personnes vont au restaurant. Après une pièce de théâtre, c'est très normal pour les acteurs aussi! Alors, après leur grand succès, le club dramatique de l'école Mercier décide d'aller au restaurant «Chez Gaston». Le célèbre chef, Gaston Dufour, prépare des crêpes parisiennes pour tout le monde — elles sont délicieuses!

vocabulaire spécialisé

la confiture	jam
un côté	side
une crêpe	thin pancake
la pâte	batter
une pincée	pinch
une recette	recipe
ajouter	to add
battre	to beat
chauffer	to heat
couvrir (de)	to cover (with)
dorer	to brown
mélanger	to mix
mettre	to put
verser	to pour

Crêpes parisiennes

1. Chauffer une grande poêle (190°C) et ajouter le beurre.
2. Battre les oeufs dans un petit bol. Ajouter le lait et mélanger. Mettre dans un grand bol ou dans un mélangeur électrique.
3. Ajouter la farine, le sucre et le sel, et mélanger.
4. Verser un peu de pâte sur la poêle. Dorer d'un côté, puis tourner.
5. Couvrir de confiture, puis rouler.
6. Servir. Cette recette donne huit crêpes de 16 cm.

une tasse de farine

deux tasses de lait

une poêle

un bol

une cuiller à thé de sucre

une pincée de sel

trois oeufs

une cuiller à soupe de beurre

de la confiture

l'explosion des mots!

Voici de nouveaux adjectifs. Complétez les phrases!

délicieux, sérieux, coûteux, courageux, joyeux, ennuyeux

1. La cuisine française est … .
2. Dans un restaurant français, les repas sont souvent … !
3. Quand un acteur oublie son rôle, c'est … !
4. Beaucoup d'acteurs sont très … Ils jouent des rôles quand ils sont malades.
5. Quand une pièce ou un film réussit, c'est une occasion … pour les acteurs.
6. D'habitude, une mauvaise pièce est très … !

la langue vivante _____

Souvent, dans les instructions écrites, l'infinitif joue le rôle de l'impératif!

bon voyage!

A faisons du théâtre!

Tu es le metteur en scène pour une pièce française à ton école. Quelle est ta
réaction aux situations suivantes pendant la répétition?

1. Tout le monde est très nerveux. ▶ **Ne soyez pas si nerveux!**
2. Paul n'est pas prêt.
3. Tous les acteurs parlent trop fort.
4. Anne mange des bonbons.
5. Marie et Jules parlent trop vite.
6. Louise ne fait pas attention.
7. David et André ne prononcent pas bien.
8. Jean et Guy n'écoutent pas.

B ah, les enfants!

Tu es la mère ou le père de Paul et d'Anne. Quelle est ta réaction aux
situations suivantes?

1. Anne ne mange pas sa salade.
2. Les enfants vont à une party ce soir.
3. Les enfants ne finissent pas leurs devoirs, mais ils
   regardent la télé.
4. Anne et Paul sont très nerveux parce qu'il y a un
   test à l'école demain.
5. Les enfants parlent trop pendant le dîner.

14

c soyez les bienvenus!

Un groupe de visiteurs français est à l'hôtel Beauséjour. Ils désirent visiter
la ville. Donne des directions à ces touristes!

– Pour aller au **théâtre**, s'il vous plaît?
– Allez tout droit, puis tournez à droite. C'est l'avenue Cartier. Continuez,
  puis tournez à gauche et prenez la rue Dupont. Après, tournez à droite
  et prenez l'avenue Johnson.
– Merci! Vous êtes très aimable!

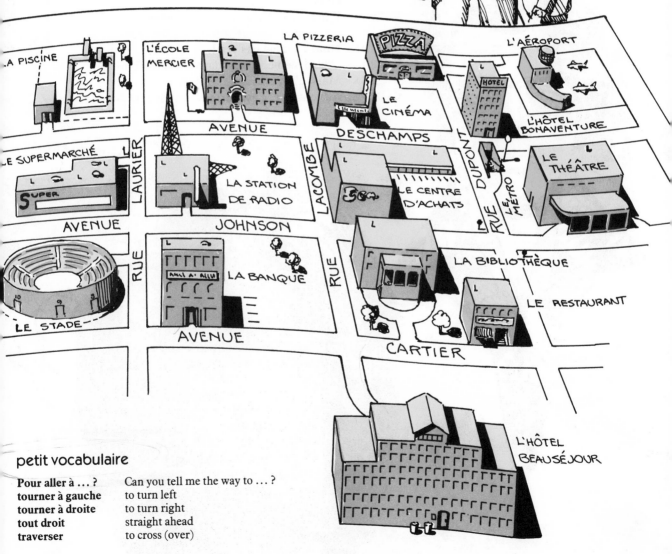

petit vocabulaire

Pour aller à ... ?	Can you tell me the way to ... ?
tourner à gauche	to turn left
tourner à droite	to turn right
tout droit	straight ahead
traverser	to cross (over)

D le monde du cinéma

Le grand acteur, Maurice Lebel, rencontre son ami, Jean Legros, à Hollywood. Jouez leurs rôles, puis choisissez d'autres expressions de la liste pour faire des conversations différentes. Faites attention aux gestes et à l'intonation!

MAURICE – Salut, Jean! Comment va ton nouveau film?
JEAN – **Assez bien, merci.**
MAURICE – Moi, je travaille avec une très belle actrice!
JEAN – **Ah, vraiment? Bravo!**
MAURICE – Mais, cette fois, c'est la dernière! Elle est pénible!
JEAN – **Quel dommage!**
MAURICE – Elle n'arrive jamais à l'heure, elle est trop nerveuse et elle oublie toujours son rôle!
JEAN – **Non! Ce n'est pas vrai!**
MAURICE – Quand même, elle est dans tous mes films!
JEAN – **Mais, c'est terrible!**
MAURICE – Au contraire, c'est normal!... c'est ma femme!

Pas très bien. Et toi?
Les répétitions vont très bien, merci.
Dis donc! Raconte un peu!
Tu plaisantes! Continue!
Écoute! Tout le monde a des problèmes!
Du calme, mon ami!
Alors, parle au metteur en scène!
Oh là là! Parlons d'autre chose!
Mais, c'est ennuyeux, n'est-ce pas?
Comment? Tu es fou?

E les gestes parlent!

Regarde les photos et invente une expression française pour chaque image!

1

2

3

4

5

Voici quelques possibilités:

Allons-y!
Écoute bien!
Fais attention!
Arrête, imbécile!
Idiot! Ce n'est pas un avion!
J'ai faim! Apportez mon dîner!
Cette fois, n'oublie pas ton rôle!

Hé, les chiens, arrêtez! Attendez-moi!
La rue Dupont? Continuez tout droit! C'est la 2e rue à gauche!
La tour Eiffel? Prenez le métro et descendez à la station Trocadéro!
Excusez-moi, c'est bien la route pour Miami?
Ah, c'est difficile, la vie d'un facteur!
Regardez! Mes copains arrivent!

je me souviens!

les questions *(Grammaire, page 190)*

intonation: Il aime les sports?

est-ce que: Est-ce qu'il aime les sports?

inversion: Aime-t-il les sports?

                Quelle scène jouons-nous?

exemples

À qui parles-tu?   C'est combien?

Qu'est-ce que c'est?   Pourquoi attend-il?

Que faites-vous?   Quel temps fait-il?

Où habitent-ils?   Tu as des frères?

Quand est-ce que tu rentres?   De quelle couleur est son auto?

Comment va-t-elle?   Qu'est-ce que tu attends?

A   une conversation téléphonique

Voici les **réponses** de Lise. Quelles sont les **questions** de Claude?

1. – J'écoute des disques.
2. – Non, je ne vais pas au cinéma.
3. – Je vais à la bibliothèque.
4. – Je vais avec ma soeur.
5. – Parce que nous avons beaucoup de devoirs!
6. – Nous quittons la maison à sept heures.

B   un nouveau copain

Tu rencontres un ami français pour la première fois. Voici ses **réponses.**
Quelles sont tes **questions?**

1. – Je m'appelle Guy Lefort.
2. – J'habite au 59, rue Bellevue.
3. – J'ai quinze ans.
4. – J'ai deux soeurs.
5. – Ah, oui! J'adore les sports!
6. – Moi, je préfère la géographie!
7. – Je prends l'autobus chaque matin.
8. – Le samedi, je fais du sport.

C   les préférences

Pose des questions à un copain (une copine) pour trouver ses préférences.
Utilisez l'adjectif **quel!**

1. le disque ▶ **Quel disque préfères-tu?**

2. l'acteur	4. les pièces	6. la couleur	8. la chanteuse	10. la matière
3. l'actrice	5. les films	7. le sport	9. l'émission de télé	

2

une journée difficile

A C'est samedi. Mme Martin est seule dans la maison parce que son mari est au bureau et son fils, Jean-Paul, est à l'école avec le club dramatique. Mme Martin fait le ménage, puis elle prend son déjeuner. Plus tard, elle commence à faire la vaisselle. Tout à coup, le téléphone sonne...

Mme MARTIN –	Allô!
PIERRE –	Bonjour, madame! Puis-je parler à Jean-Paul, s'il vous plaît?
Mme MARTIN –	Je regrette, mais il n'est pas là. Qui est à l'appareil?
PIERRE –	C'est Pierre Lapointe, madame.
Mme MARTIN –	Écoute, Pierre, Jean-Paul n'est pas ici en ce moment, mais il rentre bientôt. Téléphone donc dans une demi-heure.
PIERRE –	Bien, madame. Merci!

B À une heure et demie, Mme Martin part pour le supermarché. Quand elle sort de la maison, le téléphone recommence à sonner. Elle n'est pas contente! Elle rentre...

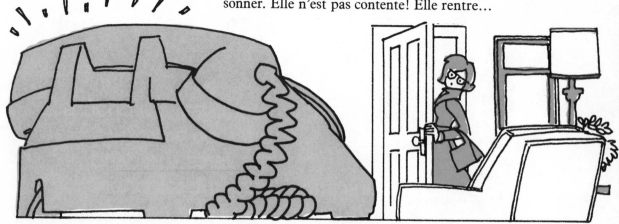

Mme MARTIN – Allô, oui!

M. DUPRÉ – Bonjour, madame! Marcel Dupré à l'appareil! Excusez-moi, madame, puis-je parler à monsieur Martin, s'il vous plaît?

Mme MARTIN – Je suis désolée, monsieur, mais mon mari est encore au bureau. Est-ce que c'est urgent?

M. DUPRÉ – Non, pas du tout! Ça peut attendre. Merci beaucoup, madame!

Mme MARTIN – Il n'y a pas de quoi. Au revoir, monsieur!

C À trois heures, Mme Martin rentre du supermarché. Quand elle arrive chez elle, le téléphone sonne encore! Cette fois, Mme Martin est vraiment fâchée...

Mme MARTIN – Allô, allô!

UNE VOIX – Allô. Je désire parler à Jeannette, s'il vous plaît!

Mme MARTIN – Je regrette, mais il n'y a pas de Jeannette à ce numéro!

LA VOIX – Oh, pardon, madame! Je suis désolée!

Mme MARTIN – Il n'y a pas de mal, mademoiselle. Au revoir!

... Quelle invention, ce téléphone!

abulaire

...ulin

un...	son
un mari	husband
le ménage	housework
un numéro	number

féminin

une demi-heure	half an hour
une voix	voice

verbes

commencer (à)	to begin (to)
partir (de)	to leave, to go away (from)
recommencer (à)	to begin again (to)
sonner	to ring
sortir (de)	to leave, to go out (of)

adjectifs

désolé	(very) sorry
fâché	angry, annoyed
seul	alone; only

adverbes

encore	still; again
plus tard	later
puis	then, next
tout à coup	suddenly

expressions

à l'appareil	"speaking" (on the phone)
ça peut attendre	it can wait
en ce moment	right now
il n'y a pas de mal	it's all right
il n'y a pas de quoi	you're welcome
je regrette…	I'm sorry…
pas du tout	not at all
puis-je…	may I…
téléphone donc	why don't you call…?

les mots-amis

désirer	**pardon!**
une invention	**regretter**
excusez-moi!	**urgent**

as-tu compris?

1. Qu'est-ce que Mme Martin commence à faire quand le téléphone sonne pour la première fois?
2. À qui est-ce que Pierre désire parler?
3. Où est le fils de Mme Martin?
4. Que fait Mme Martin quand le téléphone sonne pour la deuxième fois?
5. Qui est à l'appareil?
6. À qui désire-t-il parler?
7. Où est le mari de Mme Martin?
8. Qu'est-ce que Mme Martin fait quand le téléphone sonne pour la troisième fois? Comment est-elle?

entre nous

1. Combien de téléphones y a-t-il chez toi?
2. Où est (sont) le(s) téléphone(s) chez toi?
3. Comment sont tes parents quand tu parles trop au téléphone?
4. Est-ce que tu sors souvent? avec qui? quand?
5. Sors-tu ce week-end? Où vas-tu? avec qui?
6. Quand tu sors avec un ami, où allez-vous?
7. À quelle heure pars-tu pour l'école le matin?
8. D'habitude, qui fait le ménage chez toi?

savoir-dire

Comment s'excuser:

Pardon! (mild)	**Je suis désolé(e)!** (stronger)
Excuse(z)-moi! (mild)	**Je suis navré(e)!** (very strong)

Donne ta réaction personnelle aux situations suivantes!
1. Ton ami dit: « Attends un instant! Tu prends mon stylo! »
2. Ton prof dit: « Fais attention! Tu n'écoutes pas! »
3. Ton principal dit: « Quoi! Tu arrives encore en retard! »
4. Ta mère dit: « Attention! Tu casses toutes les assiettes! »
5. Ton père dit: « Tes notes sont très mauvaises! Je suis fâché! »
6. Ton client dit: « Quel restaurant! Il y a un insecte dans ma salade! »

observations

les verbes sortir (to leave, to go out)
partir (to leave, to go away)

Mme Martin **sort** de la maison.
Les élèves **sortent** de l'école.
Elles **sortent** du théâtre.

Gisèle **sort** avec Jacques.
Je **pars** dans cinq minutes.
Nous **partons** en vacances.

je sors	nous sortons	je pars	nous partons
tu sors	vous sortez	tu pars	vous partez
il sort	ils sortent	il part	ils partent
elle sort	elles sortent	elle part	elles partent

les mots interrogatifs

	est-ce que (est-ce qu')	inversion
what?	**Qu'est-ce que** tu fais?	**Que** fais-tu?
why?	**Pourquoi est-ce que** tu pars?	**Pourquoi** pars-tu?
when?	**Quand est-ce qu'**il arrive?	**Quand** arrive-t-il?
where?	**Où est-ce qu'**elle habite?	**Où** habite-t-elle?
how?	**Comment est-ce que** tu t'appelles?	**Comment** t'appelles-tu?
which?	**Quel** rôle **est-ce qu'**il joue?	**Quel** rôle joue-t-il?
how many?	**Combien de** frères **est-ce que** tu as?	**Combien de** frères as-tu?
how much?	**Combien d'**argent **est-ce que** vous avez?	**Combien d'**argent avez-vous?

who?	**Qui est-ce qui** parle?	**Qui** parle?
	Qui est-ce qui habite ici?	**Qui** habite ici?
whom?	**Qui est-ce que** tu attends?	**Qui** attends-tu?
	Avec **qui** est-ce qu'elle sort?	Avec **qui** sort-elle?

sujet: qui est-ce **qui**
objet: qui est-ce **que**
qui est-ce **qu'**

23

on y va!

A je sais les nouveaux verbes!

1. Donne les formes des verbes **partir** et **sortir** avec les pronoms **je**, **elle**, **nous**, **vous** et **ils**.
2. Donne les trois formes de l'impératif des verbes **partir** et **sortir**.

B je sais l'interrogatif!

Complète chaque phrase avec la bonne expression interrogative!

1. – ... est à l'appareil?
   – C'est mon cousin!
2. – ... tu fais après les classes?
   – Je vais en ville.
3. – ... partent-ils?
   – À huit heures.
4. – ... est-ce qu'ils rentrent du cinéma?
   – En autobus.
5. – ... est-ce que Paul n'est pas ici?
   – Parce qu'il est malade!
6. – ... d'argent as-tu?
   – J'ai cinq dollars!
7. – ... achète-t-il ses vêtements?
   – Au grand magasin.
8. – ... vous désirez, madame?
   – Un sandwich, s'il vous plaît.
9. – ... de téléphones avez-vous?
   – Nous avons deux téléphones!
10. – ... numéro désirez-vous?
    – Le 481-6694, s'il vous plaît.

C à quelle heure?

Tout le monde part à une heure différente! Choisis un partenaire et jouez les deux rôles!

1. il / 8 h 00 ▶ – **À quelle heure part-il?**
   – **Il part à huit heures!**
2. elle / 1 h 30
3. tu / 7 h 30
4. vous / 8 h 15
5. ils / 3 h 20
6. elles / 5 h 45
7. tu / 11 h 10
8. il / 12 h 15

D bavardons!

Qui sort avec qui? Réponds aux questions!

1. Avec qui sort-elle? (Marie) ▶ **Elle sort avec Marie!**
2. Avec qui sortez-vous? (des amis)
3. Avec qui sortent-ils? (des voisins)
4. Avec qui sortent-elles? (des amies de Winnipeg)
5. Avec qui sors-tu? (mes copains)
6. Avec qui sort-il? (Brigitte Labombe)
7. Avec qui sortez-vous? (le cousin de Pierre)
8. Avec qui sort-elle? (Gaston Dufour)

E quoi!

1. Je sors avec Marie. (Hélène) ▶ **Quoi! Tu ne sors pas avec Hélène?**
2. M. Leblanc part en voiture. (en avion)
3. Nous sortons avec Pierre. (Luc)
4. Ses parents partent pour Montréal. (Toronto)
5. Je pars avant le dîner. (après le dîner)
6. Nos voisins sortent avec les Martin. (les Dubé)

F pardon?

Tu n'entends pas très bien! Pose des questions!

1. Le train part à **sept heures.** ▶ **Pardon? Quand part-il?**
   ▶ **Pardon? Quand est-ce qu'il part?**
2. Les Duval partent **en train.**
3. Cette jupe coûte **trente dollars.**
4. Gisèle part en vacances **ce soir.**
5. Mon prof parle **trop vite.**
6. Il est fâché **parce qu'il a de mauvaises notes.**
7. Georges vend **son cyclomoteur.**
8. Jeanne va **chez le docteur.**

G qu'est-ce qui se passe?

A – Qu'est-ce que **Pierre** fait cet après-midi?
B – Il sort.
A – Où va-t-il?
B – **Au cinéma.**
A – Seul?
B – Non, avec des copains!
A – Quand est-ce qu'il part?
B – **À une heure.**

1. Georges
   en ville
   tout de suite

2. Louise
   au centre d'achats
   dans une demi-heure

3. tu
   au match de volley-ball
   après le déjeuner

4. Paul et Anne
   au restaurant
   à midi

1. la motoneige
   aller chez mon copain

2. ton magnétophone
   jouer mes cassettes

3. un peu d'argent
   sortir avec Jacqueline

4. ta valise
   quitter la maison

5
10
25

assistance annuaire Directory assistance
Pour obtenir un numéro qui n'est pas
dans l'annuaire, faites le 411.

appels interurbains ⊗ long distance
Pour faire un appel interurbain, faites le 1, puis
l'indicatif régional et le numéro de téléphone.

renseignements ⊗ Imformation
Pour tout renseignement, faites le 0 et demandez au téléphoniste.

au téléphone...

1. Quand tu téléphones de Toronto à Montréal, c'est un appel
   A local   **B** interurbain

2. Tu as besoin d'un numéro de téléphone. Alors, tu cherches dans
   A le dictionnaire   **B** l'annuaire

3. Tu as besoin d'un numéro, mais tu n'as pas d'annuaire. Alors,
   tu demandes
   A à l'assistance annuaire   **B** au facteur

4. L'indicatif régional pour Toronto est
   A 514   **B** 416

5. Pour obtenir des renseignements, tu fais le zéro et
   A tu poses des questions   **B** tu parles de ta journée

1. Trouve un synonyme de l'expression **Comment?**
2. Trouve l'équivalent de **Attends un peu!**
3. Le contraire de **plus fort** est **moins fort**. Quel est le contraire des expressions **plus vite**, **plus facile**, **plus tard** et **plus beau**?

bon voyage!

A du tac au tac!

Tu parles au téléphone. Comment est-ce que tu réponds aux phrases
suivantes? Choisis bien!

1. Allô!
2. Qui est à l'appareil?
3. Je suis désolé!
4. C'est urgent?
5. Pierre à l'appareil.
6. Est-ce que Jeanne est là?
7. Puis-je parler à Guy?
8. Merci beaucoup!

A Non, elle n'est pas là.
B Il n'y a pas de mal.
C Oui, un instant, S.V.P.
D Allô!
E Il n'y a pas de quoi!
F Bonjour, Pierre!
G ... à l'appareil.
H Non, ça peut attendre.

B ma parole!

Choisis une expression de la liste A et une réponse de la liste B pour
correspondre à chaque image!

liste A
Pardon!
Excusez-moi!
Je suis désolé!
Je suis navré!
C'est de ma faute!
Je regrette...!

liste B
Il n'y a pas de mal!
Pas de problème!
Ça va!
Imbécile!
Idiot!
Ça ne va pas!
Non, c'est de ma faute!
Bon, mais fais attention!

c les jobs

Tu cherches un travail pour l'été. Téléphone aux gérants!
Joue ton rôle avec un partenaire!

A – Allô! **Le restaurant La Terrasse!**
B – Bonjour, monsieur! Je m'appelle … et je cherche
  un travail pour l'été.
A – Tu as de la chance! J'ai besoin d'**un caissier!**
B – Formidable! Puis-je avoir une interview?
A – Bien sûr! Je suis occupé en ce moment. Téléphone donc
  dans une demi-heure, d'accord?
B – D'accord! Merci beaucoup, monsieur! Au revoir!

1. le garage Charlebois: un/une pompiste
2. la pizzeria Donato: un garçon de table/une serveuse
3. le cinéma Desjardins: un vendeur/une vendeuse de billets

petit vocabulaire

un caissier	
une caissière	cashier
un gérant	
une gérante	manager
un/une pompiste	gas pump
	attendant
une serveuse	waitress
un vendeur	
une vendeuse	ticket seller

savoir-dire

Au téléphone, voici quelques expressions qui sont équivalentes.

Il n'est pas là.	→	Il n'est pas ici.
Un instant, s'il vous plaît!	→	Ne quittez pas, s'il vous plaît!
Paul à l'appareil.	→	Ici Paul.
Puis-je parler à Paul?	→	Est-ce que Paul est là?

puis-je parler à Jeanne?

Tu téléphones à ta copine Jeanne, mais elle n'est pas là parce qu'elle est au match de basket-ball. Parle à la mère de Jeanne!

LA MÈRE – Allô!
    TOI – ...
LA MÈRE – Ah! Salut, ... !
    TOI – ... ?
LA MÈRE – Je suis désolée, mais elle n'est pas là.
    TOI – ... ?
LA MÈRE – Au gymnase. Son équipe joue cet après-midi.
    TOI – ... ?
LA MÈRE – À cinq heures, je pense. C'est urgent?
    TOI – ... !
LA MÈRE – Téléphone donc vers cinq heures et demie.
    TOI – ... !
LA MÈRE – Au revoir!

appels interurbains

Jouez les rôles de la téléphoniste et de la personne qui demande des renseignements!

TÉLÉPHONISTE – Allô! Assistance annuaire! Pour quelle ville, s'il vous plaît?
DEMANDEUR – **Montréal**.
TÉLÉPHONISTE – Merci. Quel nom, s'il vous plaît?
DEMANDEUR – **Gérard Lesage**.
TÉLÉPHONISTE – Avez-vous l'adresse?
DEMANDEUR – Oui, c'est **380, rue Lebrun**.
TÉLÉPHONISTE – Bon! C'est le **767-2476**.
DEMANDEUR – Merci beaucoup!
TÉLÉPHONISTE – À votre service!

1. Saint-Jean, Terre-Neuve
   Roger Aucoin
   40, rue Saint-Laurent
   269-4873

2. Regina, Saskatchewan
   Marianne Legrand
   103, rue Victoria
   869-2525

3. Vancouver, Colombie britannique
   Richard Fleury
   53, rue Granville
   492-6183

4. Sault-Ste-Marie, Ontario
   Paulette Arsenault
   93, rue Estelle
   642-3146

je me souviens!

le verbe aimer ——— le verbe aller ———

j'aime	nous aimons	je vais	nous allons
tu aimes	vous aimez	tu vas	vous allez
il aime	ils aiment	il va	ils vont
elle aime	elles aiment	elle va	elles vont

A pourquoi, alors?

1. Pourquoi est-ce que tu collectionnes des disques?   (musique)
   ▶ **Parce que j'aime la musique!**
2. Pourquoi est-ce que tu vas à tous les matchs?   (sports)
3. Pourquoi est-ce que vous allez au théâtre tous les week-ends?   (pièces)
4. Pourquoi est-ce que vous regardez tous les films?   (cinéma)
5. Pourquoi achetez-vous ce bouledogue?   (chiens)
6. Pourquoi chantent-ils en italien?   (opéra)
7. Pourquoi dîne-t-elle souvent chez Mario?   (pizza)
8. Pourquoi partent-elles en Europe cet été?   (voyages)

B chacun son goût!

Complète la conversation avec le verbe **aller**!

PAUL – Dis donc, Henri, tu sors avec Marie ce soir, n'est-ce pas? Où …-vous?

HENRI – Nous … au stade. Et toi, où …-tu ce soir?

PAUL – Moi, je … au cinéma.

HENRI – Avec Roger et Guy?

PAUL – Non, ils … au concert à l'école.

HENRI – Ah, oui! Beaucoup de nos amis … là pour écouter la musique de Beethoven.

HENRI – Pas moi! Je ne … jamais à ces concerts!

language aller and aimer **with an infinitive**
the relative pronoun qui

communication saying what you like to do and
what you are going to do

situation discussing plans, choosing activities

qu'est-ce que tu aimes faire?
Est-ce que tu aimes danser?
Est-ce que tu aimes lire?
Est-ce que tu aimes patiner?
Tu aimes jouer au tennis?
Tu aimes faire de la photo?
Tu aimes jouer aux échecs?
Tu aimes jouer de la guitare?

vivent les compliments!

M. VIGNON – Tiens, Brigitte! C'est samedi! Tu ne fais pas la
grasse matinée?

BRIGITTE – Pas aujourd'hui, papa. J'ai beaucoup à faire!

M. VIGNON – Tu vas faire des achats, comme d'habitude?

BRIGITTE – Oui, et puis j'ai rendez-vous chez le dentiste à deux
heures.

M. VIGNON – Tu vas avoir besoin d'argent, sans doute?

BRIGITTE – Oh, papa, tu es formidable!

M. VIGNON – Ça va coûter combien, ce compliment?

chacun son goût!

Tout le monde n'est pas toujours d'accord! Par exemple, Charles et Brigitte…

Tu sors avec moi ce soir, Brigitte?

Ça dépend. Où vas-tu?

Au match de hockey, bien sûr!

Pas question! Je déteste les sports violents!

Tu exagères! Alors toi, qu'est-ce que tu aimes faire?

J'aime visiter les musées ou aller au théâtre.

Les musées? Le théâtre? Tu plaisantes!

Eh bien, chacun son goût!

Justement! c'est pourquoi je vais sortir avec Jean-Paul ce soir!

...bulaire

un musée	museum
le théâtre	(live) theatre

pronom

qui	who; which; that

verbes

jouer (à)	to play (a sport)
jouer (de)	to play (a musical instrument)
lire	to read
patiner	to skate

préposition

sans	without

expressions

avoir beaucoup à faire	to have a lot to do
avoir rendez-vous	to have an appointment
chacun son goût!	to each his own!
faire de la photo	to take pictures (as a hobby)
faire des achats	to go shopping
faire la grasse matinée	to sleep in
jouer aux échecs	to play chess
pas question!	absolutely not!
sans doute	no doubt
tu exagères!	you're going too far! you're exaggerating!

les mots-amis

un compliment
danser
un/une dentiste
violent

as-tu compris?

1. Pourquoi est-ce que Brigitte a de la chance?
2. Pourquoi est-ce que Brigitte ne fait pas la grasse matinée?
3. Où a-t-elle rendez-vous? À quelle heure?
4. Qu'est-ce que M. Vignon va donner à Brigitte?
5. Qui invite Brigitte au match de hockey?
6. Pourquoi ne va-t-elle pas au match?
7. Qu'est-ce que Brigitte aime faire?
8. Avec qui va-t-elle sortir ce soir?

entre nous

1. Est-ce que tu aimes faire la grasse matinée? Quand?
2. As-tu souvent beaucoup à faire? Quand?
3. Aimes-tu faire des achats? Où?
4. Est-ce que tu aimes jouer aux sports? Quel est ton sport favori?
5. Quand tu as du temps libre, qu'est-ce que tu aimes faire?
6. Est-ce que tu fais de la photo? Est-ce que tu préfères les photos en couleurs ou en noir et blanc?
7. Avec qui aimes-tu sortir? Où allez-vous d'habitude?
8. Qu'est-ce que tu vas faire ce week-end?

as-tu remarqué?

Complète ces définitions!

1. **Un patineur:** Une personne qui patine.
2. **Un chanteur:** Une personne qui chante.
3. **Un travailleur:**
4. **Un danseur:**
5. **Un annonceur:**
6. **Un nageur:**
7. **Un penseur:**

vive la différence!

en France   au Canada

le football*

le hockey (C'est le hockey sur glace.)

le hockey (C'est le hockey sur gazon.)

le football

Pour les Français, c'est le football ou « le foot »; pour nous, c'est le **soccer**.

observations

aimer et l'infinitif

J'**aime jouer** au hockey.
Aimes-tu **danser**?
Il **aime faire** des achats.
Nous n'**aimons** pas **être** en retard.
Aimez-vous **prendre** le métro?
Les Cormier n'**aiment** pas **sortir** avec leurs voisins.

To say that you *like* to do something, use the verb **aimer** and the
infinitive of the verb that expresses what you like to do.

le futur proche

Je **vais sortir** à huit heures.
Vas-tu **faire** des achats aujourd'hui?
Il ne **va** pas **aller** chez le dentiste.
Va-t-elle **sortir** avec Pierre ce soir?
Nous **allons finir** ce travail après le dîner.
Allez-vous **attendre** l'autobus?
Est-ce qu'ils **vont danser** le tango?

To say that you are *going to* do something, use the verb **aller** and the
infinitive of the verb that expresses what you are going to do.

le pronom relatif qui

The relative pronoun **qui** allows you to join two ideas or to add a
description of a person or a thing.

Voilà une robe **qui** coûte beaucoup!
C'est maman **qui** fait le ménage.
C'est ton réveil **qui** sonne toujours à 6 h 30?
Brigitte a un père **qui** est très sympa.
Comment s'appelle le garçon **qui** danse si bien?
J'ai des amis **qui** ne travaillent jamais!
Je préfère sortir avec des copines **qui** aiment danser.
Marcel, **qui** adore les sports, va toujours aux matchs de hockey.

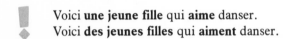

Voici **une jeune fille** qui **aime** danser.
Voici **des jeunes filles** qui **aiment** danser.

petit vocabulaire

le bout du nez — tip of the nose
mignon(-ne) — cute

te poser un baiser — to give you a kiss
tu sais que... — you know that...

la langue vivante

L'infinitif est utilisé aussi après les verbes suivants: **aimer mieux, désirer, adorer, détester, préférer.**

Je désire parler à M. Tremblay.

J'adore jouer aux cartes!

on y va!

A je sais utiliser l'infinitif!

Réponds aux questions suivantes!

1. Est-ce que tu aimes patiner? manger? sortir le week-end?
2. Est-ce que ton copain aime chanter? faire du ski? répondre aux questions du prof?
3. Est-ce que tes parents aiment danser? jouer aux échecs? aller au théâtre?
4. Toi et tes copains, est-ce que vous aimez lire? aller au cinéma? écouter de la musique?

B je sais le futur proche!

Donne les formes correctes au futur proche des verbes **chanter, finir, répondre, aller, partir** et **prendre** avec les sujets **je, tu, elle, nous, vous** et **ils.** Fais une phrase (a) affirmative, (b) négative et (c) interrogative avec l'inversion.

Chacun à mon goût

C je sais le pronom relatif!

Utilise **qui** pour faire une seule phrase!

1. C'est une jeune fille. Elle aime faire du sport.
   ▶ **C'est une jeune fille qui aime faire du sport.**
2. Marcel est un jeune homme. Il a beaucoup d'amis.
3. Nous prenons le train. Il part à 8 h 30.
4. Ils aiment acheter des vêtements. Ils sont du nouveau style.
5. Voici ma copine. Elle aime jouer de la guitare.
6. J'adore les voitures. Elles sont très rapides.

D opinions contraires

Alice et Paul ne sont pas d'accord!

1. aller au musée ▶ A – **J'aime aller au musée.**
   P – **Moi, je n'aime pas aller au musée.**
2. parler français
3. faire la grasse matinée
4. danser
5. jouer au tennis
6. lire
7. jouer aux cartes
8. patiner
9. jouer aux échecs
10. sortir pendant la semaine

E quelle journée!

Tout le monde a beaucoup à faire!

1. sortir avec des copains / je ▶ **Je vais sortir avec des copains.**
3. jouer au golf / André
3. finir ses devoirs / Lise
4. faire des achats / vous
5. patiner / mes amis
6. faire une promenade / papa
7. visiter le musée d'art / les profs
8. jouer aux échecs / nous
9. acheter des jeans / je
10. lire des revues / ma soeur
11. jouer au hockey / nous
12. aller chez le dentiste / les enfants

F silence!

Papa est au lit, mais il y a trop de bruit dans la maison!

1. chanter / Roger ▶ PAPA – **Qui chante?**
   MAMAN – **C'est Roger qui chante!**

2. téléphoner / Lucie
3. jouer du piano / Marcel
4. sonner à la porte / le facteur

5. regarder la télé / Henri et Pierre
6. jouer au Ping-Pong / Roger et son amie
7. chanter sous la douche / Sylvie

G chacun son goût!

A – Est-ce que tu joues **aux cartes?**
B – Non, pas du tout!
A – Alors, qu'est-ce que tu aimes faire?
B – J'aime **regarder la télé!**
A – Eh bien, chacun son goût!

1. échecs
   lire des revues

2. hockey
   danser le cha-cha

3. piano
   écouter des disques

4. guitare
   faire de la photo

H quelle chance!

A – Alors, tu as beaucoup à faire aujourd'hui?
B – Oui, j'ai rendez-vous **chez le dentiste**.
A – Et puis?
B – Je vais aller **au centre d'achats** avec **ma soeur**.
A – C'est tout?
B – Non, après, je vais aller au concert de rock!
A – Tu as de la chance, toi!

1. chez le docteur
   au restaurant
   mon frère

2. chez mon prof
   au club
   mes amis

3. chez mon prof de musique
   à la bibliothèque
   ma tante

4. chez M. Dupont
   en ville
   mes parents

I dis donc!

A – Dis donc, Paul! Comment s'appelle la jeune fille
   qui porte le **chandail** vert?
B – Ça, c'est un secret!
A – Un secret? Tu plaisantes! Pourquoi?
B – Parce que c'est mon **amie**!

1. robe
   soeur

2. blouse
   cousine

3. pantalon
   voisine

4. veste
   copine

Vers l'an 3000

Est-ce que vous pensez quelque-fois au monde de l'avenir?
Les changements qui vont transformer notre planète sont fantastiques.

Imaginez des villes sur l'océan, des villes sous-marines ou même des villes en orbite autour de la Terre. Si vous aimez voyager, pourquoi pas prendre des vacances sur la lune?

Sur la Terre, des fusées vont faire le voyage New York–Tokyo en une heure! Sur les routes, pas d'accidents, parce que tous les véhicules vont être guidés par ordinateur et radar.

À la maison, un ordinateur personnel va planifier les repas et va commander automatiquement les choses qui sont nécessaires. Naturellement, des robots vont faire le ménage!

En médecine, les scientifiques vont trouver une cure contre toutes les maladies. En plus, les médecins vont remplacer les organes du corps par des organes artificiels.

Vous pensez que toutes ces prédictions sont fantastiques? Pas du tout! Il y a encore des choses qui sont impossibles à imaginer aujourd'hui. Les horizons de l'avenir sont sans limites!

petit vocabulaire

autour de	around	**un ordinateur**	computer
un changement	change	**planifier**	to plan
le corps	body	**une route**	highway
une fusée	rocket	**un scientifique**	scientist
la lune	moon	**si**	if
une maladie	sickness	**sous-marin**	underwater
même	even	**la Terre**	Earth
le monde	world		

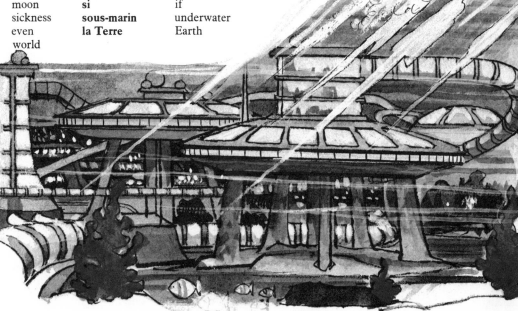

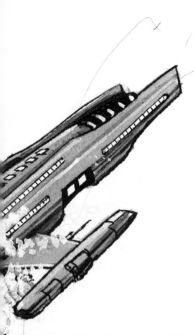

quiz

1. À l'avenir, où est-ce que nous allons trouver des villes?
2. Combien d'heures va durer le voyage New York– Tokyo?
3. À la maison, qu'est-ce qui va planifier les repas?
4. Qu'est-ce qui va faire le ménage?
5. En médecine, qu'est-ce que les scientifiques vont trouver?
6. Comment sont les horizons de l'avenir?
7. Que penses-tu de tous ces changements?
8. As-tu une prédiction pour l'avenir? Qu'est-ce que c'est?

comment s'appelle...

1. une machine électronique qui organise de l'information?
2. une machine qui fait le travail de l'homme?
3. une personne qui expérimente dans un laboratoire?
4. une des planètes de notre système solaire?
5. l'objet qui est en orbite autour de la Terre?

trouve un synonyme de...

de temps en temps	chez nous	un docteur
magnifique	bien sûr	le futur

trouve le contraire de...

sous	perdre	possible
détester	pour	avec

aux frontières de l'espace!

Toutes les planètes, comme la Terre, Mars, Vénus, et Mercure, sont en orbite dans l'espace autour de l'étoile qui s'appelle le Soleil, le centre de notre système solaire.

parlons astronomie!

1. Entre la Terre et le Soleil, il y a deux planètes qui s'appellent:
   A Jupiter et Saturne   **B** Mercure et Vénus   **C** Pluton et Neptune
2. En 1957, les Russes lancent le premier satellite artificiel. Comment s'appelle-t-il?
   A Boris   **B** Moskva   **C** Spoutnik
3. Nous habitons un système solaire dans une galaxie qui s'appelle:
   A La Voie lactée   **B** Vive le français!   **C** Le pont d'Avignon
4. L'étoile la plus proche de notre Soleil s'appelle:
   A Louis XIV   **B** Alpha Centaure   **C** Galiléo
5. Combien de planètes y a-t-il dans notre système solaire?
   A neuf   **B** douze   **C** dix
6. Quelle planète est la plus grande?
   A Mars   **B** Uranus   **C** Jupiter

A cadeaux pour tout le monde!

Jeu d'échecs complet
32 pièces, noir et blanc,
style classique.
$41.95

Magnétophone de luxe
Magnétophone à cassette portatif
de bonne qualité.
$84.98

Jeu de badminton « Dynamo »
Deux raquettes en bois avec
trois volants en plastique.
$24.95

Appareil photo électronique
Appareil 35 mm réflex
avec contrôle électronique.
$329.98

Guitare électrique « Décibel »
Modèle professionnel de haute qualité.
$359.98

Skis « Champion »
En bois et fibre de verre,
bâtons en aluminium.
$138.99

Bâton de hockey « Intrépide »
En bois et fibre de verre.
$9.49

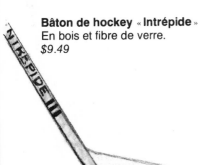

Patins « Superpro »
En nylon résistant,
lames Tuuk^MD.
$74.99

Qu'est-ce que tu vas acheter? Pour qui? Pourquoi? Ça va coûter combien?

petit vocabulaire

		le bois	wood	
		le fibre de verre	fibreglass	
un appareil photo	camera	**un jeu**	game; set	
un bâton	stick; pole	**une lame**	blade	

un patin	skate
portatif	portable
une raquette	racket
un volant	(badminton) bird

44

les options

Est-ce que tu profites de ton temps? Voici trois situations. Choisis **A**, **B** ou **C** comme ta réaction probable.

1. Tu vas avoir un test demain, mais il y a aussi une bonne émission à la télé ce soir.
   A Tu regardes l'émission et tu étudies après. Le lendemain, tu es très fatigué(e).
   B Tu rentres tout de suite après les classes et tu étudies pour le test toute la soirée.
   C Tu regardes l'émission, tu n'étudies pas et tu ne vas pas à l'école le lendemain.

2. Aujourd'hui, tu vas faire le ménage chez toi, mais il fait très beau et tu adores jouer au tennis!
   A Tu fais la grasse matinée. À midi, tu fais très vite et très mal le ménage.
   B Tu fais le ménage de bonne heure, puis tu pars avec ta raquette de tennis.
   C Tu restes au lit pendant toute la journée.

3. Aujourd'hui, tu vas vendre des billets pour ton club à l'école.
   A Tu sors tard et tu vends deux billets seulement.
   B Tu sors très tôt et tu vends tous les billets à tes voisins.
   C Tu ne sors pas du tout, alors tu ne vends pas de billets.

résultats

A = 3 points   B = 5 points   C = 0 points   MAXIMUM POSSIBLE = 15 points

14 ou 15 points:	Tu es un ange! Quel est ton numéro de téléphone?	3 à 8 points:	Tu ne profites pas de ton temps!
9 à 13 points:	Tu es assez diligent(e). Continue le bon travail!	0 points:	Tu exagères! Tu es vraiment paresseux(-euse)!

petit vocabulaire

un ange	angel
diligent	hard-working
fatigué	tired
mal	badly
paresseux(-euse)	lazy
profiter de	to take advantage of
tôt	early

personnalité

nt, les intérêts et les talents déterminent la personnalité. Voici un
petit test à faire tout seul. Choisis A, B ou C selon tes préférences.

Qu'est-ce que tu préfères?

1. **A** faire de la photo   **B** lire dans l'encyclopédie   **C** jouer au tennis
2. **A** écrire des poèmes   **B** discuter de la vie   **C** faire de l'équitation
3. **A** jouer d'un instrument   **B** faire des mots croisés   **C** faire de la gymnastique
4. **A** jouer un rôle dans une pièce   **B** jouer au Scrabble   **C** faire du patin à roulettes
5. **A** décorer ta chambre   **B** aller au théâtre   **C** faire de la planche à roulettes
6. **A** faire de la poterie   **B** jouer aux échecs   **C** faire du canotage
7. **A** dessiner   **B** apprendre une langue étrangère   **C** faire du ski
8. **A** faire de la sculpture   **B** visiter un musée   **C** jouer au Ping-Pong
9. **A** écrire des histoires   **B** écouter les nouvelles   **C** patiner
10. **A** composer une chanson   **B** discuter de la politique   **C** faire de la natation

Résultats

Si tu as une majorité de réponses «A», tu es **créateur(-trice)**.
Si tu as une majorité de réponses «B», tu es **intellectuel(le)**.
Si tu as une majorité de réponses «C», tu es **sportif(-ive)**.

petit vocabulaire

le canotage	canoeing	**la natation**	swimming
dessiner	to draw	**les nouvelles** (*f.*)	news
écrire	to write	**un patin à roulettes**	roller skate
l'équitation (*f.*)	horseback riding	**une planche à roulettes**	skateboard
étranger (-ère)	foreign	**la poterie**	pottery

D la rubrique des correspondants

Louise Duchesne, 13 ans. 299, av. Carlton, Burnaby, Colombie britannique. Loisirs: ski, natation, musique, collection de timbres. Désire correspondre avec Québécois ou Québécoise.

Jean Fournier, 16 ans. 92, av. Champlain, Kingston, Ontario. Loisirs: patin, danse, base-ball, tennis. Cherche correspondant fort en maths et en sciences.

Pierre Dubois, 16 ans. 58, rue de la Montagne, Genève, Suisse. Loisirs: ski, camping, alpinisme, kayak, football. Désire correspondante canadienne.

Janine Parent, 15 ans. 115, rue Principale, Gravelbourg, Saskatchewan. Loisirs: sports, lecture, musique, poterie. Désire correspondre avec Européen ou Européenne.

Lise Perron, 14 ans. 35, rue Notre-Dame, Kamouraska, Québec. Loisirs: hockey, ski de fond, motoneige, raquette. Désire correspondre avec garçon qui aime les sports.

Charles Dufresne, 17 ans. 183, rue Blanchard, Nouvelle-Orléans, Louisiane, États-Unis. Loisirs: base-ball, basket-ball, jazz. Désire correspondre avec Acadienne.

Simon Bernard, 15 ans. 83, av. Lombard, Winnipeg, Manitoba. Loisirs: échecs, jeux de cartes, mots croisés, dessin. Désire jouer aux échecs par courrier.

Roland Joubert, 14 ans. 131, rue de la Gare, Bruxelles, Belgique. Loisirs: timbres, science-fiction, cinéma, disques. Désire échanger des livres de science-fiction.

Annette Martin, 14 ans. 46, av. Lamont, Toronto, Ontario. Loisirs: lecture, musique, cinéma, timbres. Désire échanger des timbres.

Denise Périgueux, 13 ans. 72, rue de la Victoire, Paris, France. Loisirs: ballet, piano, lecture. Désire correspondant(e) au Canada ou en Europe.

Barbara Martineau, 16 ans. 41, rue Main, Montpelier, Vermont, États-Unis. Loisirs: guitare, cuisine, voyages, musique pop. Désire correspondant québécois.

Claude Gagnon, 15 ans. 12, av. Deslauriers, Bonnyville, Alberta. Loisirs: judo, gymnastique, football, hockey. Désire correspondante québécoise.

1. Qu'est-ce que Louise Duchesne aime collectionner?
2. À ton avis, est-ce que Jean Fournier a de bonnes notes en maths et en sciences?
3. Qu'est-ce que Pierre Dubois aime faire dans les Alpes?
4. En quelle saison est-ce que Lise Perron fait de la raquette?
5. Charles Dufresne désire correspondre avec une jeune fille qui habite en Acadie. Où est cette région canadienne?
6. Simon Bernard aime jouer aux cartes. Quels jeux de cartes aimes-tu?
7. Qu'est-ce que Roland Joubert aime lire?
8. Où habite Janine Parent? Quel âge a-t-elle?
9. Denise Périgueux aime la lecture. Comment s'appellent tous les correspondants qui aiment lire?
10. Combien de correspondants aiment les sports?
11. Combien de correspondants sont du Canada? des États-Unis? d'Europe?
12. Comment s'appelle le correspondant qui aime préparer des repas?
13. Est-ce que les histoires de science-fiction sont vraies ou inventées?
14. Où est-ce que les athlètes font de la gymnastique?
15. Comment s'appelle le garçon qui aime jouer au soccer?
16. Choisis un de ces correspondants et écris une lettre!

petit vocabulaire

l'alpinisme (*m.*)	mountaineering	**la natation**	swimming
la cuisine	cooking	**la poterie**	pottery
fort en	good at	**la raquette**	snowshoeing
la lecture	reading	**le ski de fond**	cross-country skiing
les loisirs (*m.*)	leisure activities	**un timbre**	stamp

je me souviens!

le verbe faire

je fais	nous faisons
tu fais	vous faites
il fait	ils font
elle fait	elles font

les expressions avec faire

faire du sport
faire la grasse matinée
faire attention
faire beau / mauvais
faire de la photo
faire chaud / froid
faire le ménage
faire des achats
faire la vaisselle

choisis bien!

1. Quelle journée fantastique! Oui, il ... .
2. Je suis vraiment fatigué ce soir, mais demain il n'y a pas de classes, alors je vais ... .
3. D'habitude, le samedi nous ... au supermarché.
4. Jean-Claude ne ... jamais ... en classe.
5. Tout le monde est occupé! Roger range sa chambre, Carole ... et papa ... .
6. Est-ce qu'il aime ... ? Oui, il prend des photos magnifiques!
7. Un gymnase, c'est pour ... à l'intérieur.
8. N'oublie pas ton manteau; il ... ce soir!

language
the verbs vouloir **and** devoir
vouloir **or** devoir **with an infinitive**
the relative pronoun que

communication
talking about your plans
for the future

situation
a guidance interview

chez le conseiller

Nous sommes à l'entrée du bureau du conseiller. Un jeune élève parle avec la secrétaire...

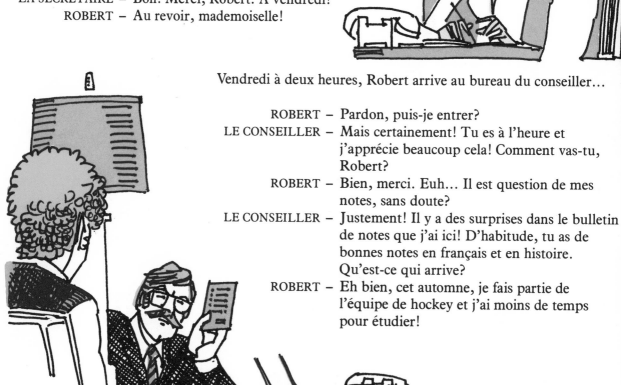

L'ÉLÈVE – Pardon, mademoiselle. Je dois prendre rendez-vous avec le conseiller, s'il vous plaît.

LA SECRÉTAIRE – Bon, d'accord! Attends un instant, s'il te plaît. Voyons... Ah! Le conseiller est libre vendredi à deux heures. Ça va?

L'ÉLÈVE – Oui, mademoiselle. Merci.

LA SECRÉTAIRE – Et quel est ton nom?

L'ÉLÈVE – Je m'appelle Robert Martin, mademoiselle.

LA SECRÉTAIRE – Bon! Merci, Robert. À vendredi!

ROBERT – Au revoir, mademoiselle!

Vendredi à deux heures, Robert arrive au bureau du conseiller...

ROBERT – Pardon, puis-je entrer?

LE CONSEILLER – Mais certainement! Tu es à l'heure et j'apprécie beaucoup cela! Comment vas-tu, Robert?

ROBERT – Bien, merci. Euh... Il est question de mes notes, sans doute?

LE CONSEILLER – Justement! Il y a des surprises dans le bulletin de notes que j'ai ici! D'habitude, tu as de bonnes notes en français et en histoire. Qu'est-ce qui arrive?

ROBERT – Eh bien, cet automne, je fais partie de l'équipe de hockey et j'ai moins de temps pour étudier!

LE CONSEILLER – La participation aux sports, c'est très important, Robert, mais ce n'est pas une excuse. Au fait, que veux-tu devenir plus tard?

ROBERT – Je veux être pilote de ligne.

LE CONSEILLER – Profession intéressante! Mais, franchement, pour arriver là, tu dois améliorer tes notes!

ROBERT – C'est vrai. Je vais faire de mon mieux.

LE CONSEILLER – Très bien, Robert! C'est tout pour le moment. Au revoir!

ROBERT – Au revoir!

LE CONSEILLER – Euh... Robert!

ROBERT – Oui?

LE CONSEILLER – Dis à maman que je vais rentrer tard pour le dîner!

ROBERT – D'accord, papa!

51

ocabulaire

masculin

un bulletin de notes	report card
un conseiller	guidance counsellor
un nom	name
un pilote (de ligne)	(airline) pilot

féminin

une conseillère	guidance counsellor
une entrée	entrance

pronom

que	whom; which; that

verbes

améliorer	to improve
devenir	to become
devoir	to have to
entrer	to enter, to come in
vouloir	to want

adverbe

franchement	frankly, honestly

expressions

au fait	by the way
dis à ... que	tell ... that
faire de son mieux	to do one's best
faire partie de	to be a member of
il est question de ...	it concerns ...
moins (de)	less; fewer
prendre rendez-vous	to make an appointment
qu'est-ce qui arrive?	what's going on?
voyons...	let's see...

les mots-amis

apprécier	la participation	une surprise
certainement	une profession	
une excuse	un/une secrétaire	

as-tu compris?

1. Pourquoi est-ce que le jeune élève parle avec la secrétaire?
2. Quand est-ce que le conseiller va être libre?
3. Comment s'appelle le jeune élève?
4. Pourquoi est-ce que le conseiller veut parler à Robert?
5. D'habitude, en quelles matières est-ce que Robert a de bonnes notes?
6. Pourquoi est-ce qu'il a moins de temps pour étudier?
7. Qu'est-ce qu'il veut devenir plus tard?
8. Selon le conseiller, qu'est-ce qu'il doit faire?
9. Qu'est-ce que Robert va faire pour améliorer ses notes?
10. En réalité, qui est le conseiller?

entre nous

1. Avec qui parles-tu de tes notes? avec tes parents? avec tes professeurs? avec un conseiller? avec tes copains?
2. Quand et pourquoi prends-tu rendez-vous chez un conseiller?
3. Est-ce que tu as assez de temps pour étudier? Pourquoi ou pourquoi pas?
4. En quelles matières as-tu de bonnes notes?
5. En quelles matières dois-tu améliorer tes notes?
6. Que veux-tu devenir plus tard?
7. Quelles matières sont importantes pour cette profession?
8. En général, quelles matières sont importantes dans la vie moderne?

as-tu remarqué?

Pour indiquer la profession d'une personne...

M. Martin est **conseiller**. M. Martin est **un conseiller aimable**.

Brigitte Labombe est **actrice**. Brigitte Labombe est **une belle actrice**.

M. Barton est ... . M. Barton est ... **professeur sévère**.

Mlle Laurent est ... . Mlle Laurent est ... **dentiste sympa**.

Pierre Sans-Peur est ... . Pierre Sans-Peur est ... **bon pilote**.

Mme Fortin est ... . Mme Fortin est ... **secrétaire fantastique**.

observations

le verbe vouloir (to want)

je veux	nous voulons
tu veux	vous voulez
il veut	ils veulent
elle veut	elles veulent

le verbe devoir (to have to)

je dois	nous devons
tu dois	vous devez
il doit	ils doivent
elle doit	elles doivent

vouloir / devoir et l'infinitif

Elle ne **veut** pas **manger**.
Veulent-ils **jouer** avec nous?
Tu **dois travailler**!
Pourquoi est-ce qu'il **doit faire** la vaisselle?
Ne **devez**-vous pas **faire** cet exercice?

To say that you *want* to do something, use the verb
 vouloir and the infinitive of the verb which indicates
 what you want to do.
To say that you *must* do something, use the verb
 devoir and the infinitive of the verb which indicates
 what you must do.

le pronom relatif que (whom; which; that)

The relative pronoun **que** allows you to join two
ideas or to add a description of a person or a thing.

Paris est une ville **que** je visite souvent.
Jacqueline est une amie **que** nous aimons bien.
Où est la bicyclette **qu'**il veut acheter?
Je n'aime pas les disques **qu'**elle achète.
Les exercices **que** nous devons faire sont difficiles.

> **!** qui (sujet): J'ai des amis **qui** sont aimables.
> **◆** que (objet): J'ai des amis **que** j'adore!

on y va!

A je sais les nouveaux verbes!

1. Donne les formes des verbes **vouloir** et **devoir** à l'affirmative avec les pronoms **je, elle, nous, vous** et **ils**.
2. Donne les formes des verbes **vouloir** et **devoir** à la négative avec les pronoms **tu, il, vous** et **elles**.
3. Donne les formes des verbes **vouloir** et **devoir** à l'interrogative avec les pronoms **tu, il, vous** et **elles**.

B je sais le pronom relatif!

Utilise **que** pour faire une seule phrase.

1. Voici un livre. Je veux lire ce livre.
   ▶ **Voici un livre que je veux lire**.
2. Toronto est une grande ville. J'aime visiter Toronto.
3. Voilà l'autobus. Il prend l'autobus tous les jours.
4. Monique est une élève. Nous aimons bien Monique.
5. Le français est une matière. Il apprend vite le français.
6. Voici la surprise. Je prépare la surprise pour mon père.

C chacun son goût!

Qu'est-ce que tout le monde veut faire?

1. Paul / jouer de la guitare
   ▶ **Paul veut jouer de la guitare.**
2. Martine / faire du ski
3. je / parler de mes notes
4. nous / aller au cinéma
5. Yves et Christian / patiner
6. mes parents / partir en vacances
7. ma soeur / devenir dentiste
8. elles / visiter le conseiller
9. Michel / jouer aux échecs

D les préférences

1. le sport ▶ **Le sport que je préfère, c'est le hockey.**
2. le magasin
3. la matière
4. le professeur
5. l'activité
6. la ville
7. la voiture
8. le restaurant
9. le musicien
10. la saison
11. la couleur
12. l'acteur
13. l'actrice

E vouloir et devoir

1. je / aller au cinéma / faire mes devoirs
   ▶ **Je veux aller au cinéma, mais je dois faire mes devoirs!**
2. je / écouter des disques / faire la vaisselle
3. nous / aller en ville / aller chez le conseiller
4. tu / regarder la télé / préparer le dîner
5. elles / organiser une party / travailler ce soir
6. vous / jouer du piano / aller à la banque
7. ils / sortir / étudier
8. elle / jouer aux cartes / aller à sa leçon de piano
9. il / aller à la danse / aider ses parents
10. ils / aller au cinéma / faire le ménage

F) tout est relatif!

Utilise **qui** ou **que** pour répondre à chaque question!

1. Ton conseiller est toujours aimable? ▶ **Oui, c'est un conseiller qui est toujours aimable**.
2. Tu oublies toujours ce numéro? ▶ **Oui, c'est un numéro que j'oublie toujours**.
3. Ton bulletin n'a pas de surprises?
4. Tu regardes souvent cette émission?
5. Tu portes ces jeans tous les week-ends?
6. Tu trouves ton dentiste très sympa?
7. Ton copain ne travaille jamais assez?
8. Tu apprécies beaucoup ce compliment?
9. Tu trouves ces questions très difficiles?
10. Tu veux visiter ce musée?
11. Tu trouves cette pièce ennuyeuse?
12. Tu trouves cette histoire intéressante?
13. Tes devoirs sont toujours faciles?
14. Tu dois finir ce travail bientôt?

G) toujours ou jamais?

Observations affirmatives ou négatives? C'est à toi de décider!

1. vous / manger trop de sucre ▶ **Vous ne devez jamais manger trop de sucre!**
2. un pilote / rester calme ▶ **Un pilote doit toujours rester calme!**
3. tu / nager seul
4. vous / faire de votre mieux
5. les pilotes / sortir de l'avion pendant le vol
6. un bon conseiller / parler franchement
7. nous / oublier les leçons de l'histoire
8. les profs / donner trop de travail
9. tu / aller chez le dentiste chaque année
10. les élèves / jouer aux cartes en classe
11. vous / jouer aux échecs sans penser
12. nous / apprécier le travail des autres
13. un dentiste / être nerveux quand il travaille

H questions et réponses

Regarde les réponses, puis pose les questions!

1. vous / lire cette histoire
   – Parce que nous aimons la science-fiction!
   ▶ **Pourquoi voulez-vous lire cette histoire?**
2. elles / travailler si vite
   – Parce qu'elles sont pressées!
   ▶ **Pourquoi doivent-elles travailler si vite?**
3. vous / acheter une bicyclette
   – Parce que notre nouvelle école est très loin!
4. tu / devenir pilote
   – Parce que j'adore voyager en avion!
5. nous / sortir de la maison
   – Parce que je veux faire le ménage!
6. tu / partir à 3 h 00
   – Parce que j'ai rendez-vous chez le dentiste!
7. il / faire partie de notre équipe
   – Parce que nous gagnons toujours!
8. elle / aller chez le conseiller
   – Parce qu'il veut parler de son dernier bulletin!
9. je / porter un manteau ce matin
   – Parce qu'il va faire mauvais aujourd'hui!
10. ils / organiser une party
    – Parce que c'est leur anniversaire!

I tu cherches un job?

A – Tu cherches un job?
B – Oui, je veux travailler **cet été**.
A – **M. Leblanc** cherche un employé pour son
    magasin de disques.
B – Formidable! Je vais téléphoner tout de suite!

1. après les classes
    mon père
    restaurant

2. pendant les vacances
    les Duval
    magasin de sports

3. le samedi
    Mme Gendron
    bureau

4. le soir
    mon oncle
    librairie

J quelle vie!

A – Qu'est-ce que tu veux devenir?
B – Je veux devenir **pilote de ligne**.
A – Tu plaisantes!
B – **Non, vraiment**!
A – Alors, tu dois **améliorer tes notes**!
B – Quelle vie!

1. docteur
    au contraire
    travailler plus fort

2. professeur
    pas du tout
    faire attention en classe

3. dentiste
    non, c'est vrai
    étudier plus fort

4. joueur de hockey
    non, vraiment
    apprendre à patiner

saviez-vous?

Au Canada, le mot **job** est
féminin: J'ai une bonne job.

les langues germaniques

Les langues d'Europe sont divisées en familles. L'anglais, l'allemand, le hollandais, le norvégien et le suédois, par exemple, sont membres de la *famille germanique*. Naturellement, ces langues ont beaucoup de similarités. Complète la liste des équivalents anglais!

	anglais	allemand	hollandais	norvégien	suédois
1.	good	gut	goed	god	god
2.	morning	Morgen	morgen	morgen	morgon
3.	milk	Milch	melk	melk	mjölk
4.	fish	Fisch	vis	fisk	fisk
5.	?	Sand	zand	sand	sand
6.	?	warm	warm	varme	varm
7.	?	Apfel	appel	eple	äpple
8.	?	Tanz	dans	dans	dans
9.	?	Haus	huis	hus	hus
10.	?	grün	groen	grønn	grön
11.	?	Schiff	schip	skip	skepp
12.	?	Bruder	broeder	bror	broder

LA NORVEGE

LA SUÈDE

LA FINLANDE

L'IRLANDE

L'UNION SOVIÉTIQUE

LA GRANDE-BRETAGNE

LES PAYS-BAS

LE DANEMARK

L'ALLEMAGNE DE L'EST

LA POLOGNE

LA BELGIQUE

LE LUXEMBOURG

L'ALLEMAGNE DE L'OUEST

LA TCHÉCOSLOVAQUIE

L'AUTRICHE

LA SUISSE

LE LIECHTENSTEIN

LA HONGRIE

LA ROUMANIE

LA FRANCE

L'ITALIE

LA YOUGOSLAVIE

LE PORTUGAL

L'ESPAGNE

LA BULGARIE

L'ALBANIE

LA GRÈCE

tout est relatif

C'est le printemps de l'an 1894. Un jeune étudiant de quatorze
ans rentre de son école, le *Luitpold Gymnasium* en Allemagne.
Le jeune étudiant décide de passer chez son oncle qui habite tout
près. Ce jour-là, le jeune homme semble triste et découragé…

L'ONCLE – Mais Albert, qu'est-ce qu'il y a?

ALBERT – C'est encore mon prof de grec! Il dit
que je ne vais jamais réussir dans la
vie! Tout ça parce que je trouve le
grec difficile. Moi, je n'ai pas de
mémoire pour les mots; tous ces
exercices, c'est stupide!

L'ONCLE – Écoute, Albert, ce n'est pas la fin du
monde!

ALBERT – Et je n'aime pas les maths à l'école,
non plus!

L'ONCLE – Mais Albert, tu as de bonnes notes
en algèbre et en géométrie!

ALBERT – C'est vrai, mais je déteste tous ces
exercices ennuyeux en classe. Moi,
j'aime les idées, les concepts!

L'ONCLE – Et les profs, comment sont-ils?

ALBERT – Trop sévères… de vrais sergents!
Toujours des ordres: « Traduisez!
Faites attention! Réveillez-vous! »

petit vocabulaire

l'Allemagne (*f.*)	Germany
l'an (*m.*)	year
découragé	discouraged
devient (devenir)	becomes
un emploi	job, employment
entier	whole, entire
la fin du monde	the end of the world
le grec	Greek
non plus	either
passer chez	to drop by
peut-être	maybe, perhaps
peux (pouvoir)	can
quelque chose	something
réveillez-vous!	wake up!
sembler	to seem
surtout	especially
traduisez!	translate!
triste	sad

L'ONCLE – Eh bien, Albert, ne sois pas découragé. La vie académique n'est pas pour tout le monde.

ALBERT – Là, tu as raison.

L'ONCLE – Tu joues toujours du violon, n'est-ce pas, Albert?

ALBERT – Ah oui, mon oncle! J'adore le violon; surtout la musique de Mozart!

L'ONCLE – Alors, Albert, il y a peut-être une chance pour toi. Tu peux toujours faire quelque chose dans la vie. À mon avis, un jour tu vas trouver un emploi comme violoniste!

Onze ans plus tard, en 1905, ce jeune homme développe la théorie de la relativité et devient célèbre dans le monde entier.

Comment s'appelle-t-il?

quiz

1. En Allemagne, qu'est-ce que c'est qu'un **Gymnasium**?
2. Comment est le jeune homme quand il arrive chez son oncle?
3. Pourquoi trouve-t-il le grec difficile?
4. Pourquoi est-ce qu'il n'aime pas les maths à l'école?
5. En quelles matières a-t-il de bonnes notes?
6. Que pense-t-il de ses profs?
7. Est-ce qu'il préfere la musique classique ou la musique pop?
8. Selon son oncle, qu'est-ce qu'il va devenir?
9. Quel âge a-t-il quand il développe la théorie de la relativité?
10. La théorie de la relativité concerne l'énergie, la masse et la lumière. Quelle est l'équation qui représente cette théorie?

réflexion d'un grand homme

« Ne soyez pas découragé par vos difficultés en mathématiques; je vous assure que mes problèmes sont encore plus grands! »

l'explosion des mots!

Nommez ces professions!

1. Une personne qui joue du violon est un **violoniste**.
2. Une personne qui fait des recherches en chimie est un … .
3. Une personne qui joue du piano est un … .
4. Une personne qui travaille dans un garage est un … .
5. Une personne qui a un magasin de fleurs est un … .
6. Une personne qui joue de la guitare est un … .
7. Une personne qui fait des recherches en biologie est un … .
8. Une personne qui examine les dents est un … .

bon voyage!

A qui suis-je?

Imagine que tu es une personne célèbre. Tes copains doivent poser 20 questions pour trouver ton identité! Par exemple:

1. Tu es un homme? Tu es une femme?
2. Tu es blond? brun? petit? grand?
3. Tu es canadien? américain? français? anglais?
4. Tu es acteur?
5. Tu es chanteur?
6. Tu fais partie du gouvernement?
7. Tu es très souvent à la télé?
8. Tu joues aux sports?
9. Tu joues d'un instrument de musique?

B parlons chiffres!

1. Georges travaille comme caissier dans un supermarché. Il travaille le lundi, le mardi, le mercredi et le jeudi, de 9:00 du matin à 5:00 de l'après-midi. Pour chaque heure de travail, il gagne un salaire de $2.75. Chaque jour il prend une heure pour le déjeuner. **Combien gagne-t-il chaque semaine?**
2. Réjeanne gagne $78.00 par semaine comme vendeuse au grand magasin *Bonstyle*. Elle travaille 20 heures. **Combien d'argent gagne-t-elle pour une heure de travail?**
3. Caroline travaille dans une pharmacie. Pour 6 jours, chaque semaine, elle gagne $155.00. Mais chaque jour elle doit acheter:

(a) des billets d'autobus (aller et retour)	$1.20
(b) le déjeuner	$2.50
	$3.70

   Combien d'argent a-t-elle à la fin de chaque semaine?
4. Tu travailles sept jours par semaine dans un camp d'été. Tu commences à travailler le 1er juillet et tu finis le 15 août. Tu gagnes $5.00 par jour. **Combien d'argent as-tu à la fin de ton travail? Qu'est-ce que tu vas faire avec tout cet argent?**

C quoi faire?

Donne une suggestion pour chaque situation!

1. Je veux devenir docteur. Qu'est-ce que je dois faire?
2. Nous voulons faire nos devoirs de géographie, mais nos atlas sont à l'école. Qu'est-ce que nous devons faire?
3. Tu as de mauvaises notes. Qu'est-ce que tu dois faire?
4. Mes copains veulent aller au grand concert de rock. Que doivent-ils faire?
5. Je veux apprendre à nager. Qu'est-ce que je dois faire?
6. Julie a besoin d'argent. Que doit-elle faire?
7. Tu as un test demain. Que dois-tu faire ce soir?
8. Michel veut prendre rendez-vous chez le dentiste. Qu'est-ce qu'il doit faire?
9. Je suis en retard pour l'école. Qu'est-ce que je dois faire?
10. Gaston Dufour prépare des crêpes, mais il n'a pas de sucre. Que doit-il faire?

les offres d'emploi

Choisis l'offre que tu préfères et téléphone au gérant ou à la gérante.
Un partenaire doit jouer le rôle du gérant ou de la gérante et tu dois
poser des questions. Demande combien tu vas gagner et quand tu dois
commencer le travail. Invente tous les détails nécessaires.

LE SUPERMARCHÉ BONACHAT, 95, rue
Desmarais, cherche caissier/caissière.
30 juin – 2 septembre. Tél. A. Rioux,
gérant: 222-2525.

LE GARAGE BONAVENTURE, 116, rue La-
lante, cherche employé(e) pour laver les
voitures. Doit commencer le 10 juillet.
Tél. R. Boucher, gérant: 321-9761.

LA PHARMACIE BELLEVUE, 84, av.
Laurier, cherche livreur (garçon ou fille)
mois de juillet. Tél. G. Monceau,
gérante: 251-3891

LE RESTAURANT BONTEMPS, 73, rue
Lecomte, cherche garçon de table/ser-
veuse juillet – août. Tél. D. Marchand,
gérant: 448-6195.

LA PISCINE MUNICIPALE, 81, boul.
Tremplin, cherche moniteur/monitrice
mois d'août. Tél. J. Poissons: 635-2342.

LE RESTAURANT BONAPPÉTIT, 51, av.
Champlain, cherche plongeur (garçon
ou fille) juillet – août. Tél. B. Leclair,
gérante: 987-4028.

LE GRAND MAGASIN PORTEBIEN, 37, boul.
Chichi, cherche vendeur/vendeuse 1er
août – 1er septembre. Tél. C. Leduc,
gérante: 471-8365.

LE GARAGE BIENFAIT, 140, boul. La-
londe, cherche pompiste. Doit commencer le 1er juillet. Tél. T. Gagnon,
gérant: 933-7428.

LE STUDIO DE DANSE BEAUPAS, 47, av.
Cartier, cherche secrétaire 30 juin – 15
août. Tél. S. Dubois, gérante: 893-6127.

LE CINÉMA BIJOU, 51, av. Desjardins,
cherche placeur/placeuse 27 juin – 28
août. Tél. T. Casgrain, gérante: 952-
6948.

dis donc!

Tu acceptes une des offres d'emploi de l'exercice D. Réponds aux
questions d'un copain ou d'une copine sur le travail que tu vas faire.
Voici quelques possibilités:

. Où est-ce que tu vas travailler?
. Quel est ton travail?
. Quel est ton salaire?
. Quelles sont les heures de travail?
. Comment s'appelle le gérant?
. Est-ce que tu dois porter un uniforme?
. Combien de temps y a-t-il pour le déjeuner?
. Est-ce que tu dois travailler le week-end?

petit vocabulaire

un caissier	
une caissière	cashier
un(e) gérant(e)	manager
laver	to wash
un livreur	delivery boy/ girl
un moniteur	
une monitrice	instructor
une offre d'emploi	job offer
un placeur	usher
une placeuse	usherette
un plongeur	dishwasher
un(e) pompiste	gas pump attendant
une serveuse	waitress

F les célébrités de l'année

Pierre Tremblay

passe-temps favori: la gymnastique
livre favori: *Le Livre des records sportifs*
matière favorite: l'éducation physique
philosophie de la vie: Vouloir, c'est pouvoir!
expression favorite: « Tu parles! »

Marcelline Lamont

passe-temps favori: aime aller à la bibliothèque
livre favori: *La Vie de Napoléon*
matière favorite: l'histoire
philosophie de la vie: Comprendre le passé, c'est préparer l'avenir.
expression favorite: « Dis donc! »

Marc Lebrun

passe-temps favori: aime réparer les voitures
livre favori: *La Mécanique illustrée*
matière favorite: la géométrie
philosophie de la vie: La technologie, c'est l'avenir.
expression favorite: « Allons-y! »

Luc Favreau

passe-temps favori: aime dessiner
livre favori: *L'Architecture moderne*
matières favorites: les maths, la musique, le dessin
philosophie de la vie: Tout problème a sa solution!
expression favorite: « Voyons... »

Carole Dubé

passe-temps favori: les films européens
livre favori: *L'Origine des langues*
matières favorites: le français, l'anglais, l'italien
philosophie de la vie: Apprendre une langue, c'est comprendre l'humanité.
expression favorite: « Ciao, baby! »

Louise Tanaka

passe-temps favori: aime discuter
livre favori: *Les Aventures de Sherlock Holmes*
matières favorites: l'histoire, le droit
philosophie de la vie: Réfléchissez avant de parler!
expression favorite: « Je proteste! »

Thérèse Lavigne

passe-temps favori: aime critiquer les repas de la cafétéria
livre favori: *La Cuisine moderne*
matières favorites: le dessin, la musique
philosophie de la vie: Bien manger, c'est l'essentiel.
expression favorite: « Quelle horreur! »

Marie Gagné

passe-temps favori: aime expérimenter au laboratoire de chimie
livre favori: *La Vie d'Albert Schweitzer*
matières favorites: la chimie et la biologie
philosophie de la vie: L'avenir est sans limites.
expression favorite: « Pas question! »

Georges Dupré

passe-temps favori: le jeu de meccano
livre favori: *L'Histoire des Pyramides*
matières favorites: les maths et les sciences
philosophie de la vie: Tout est possible!
expression favorite: « Formidable! »

Robert Martin

passe-temps favori: le vol delta
livre favori: *De la Terre aux galaxies*
matière favorite: l'histoire
philosophie de la vie: Aujourd'hui la Terre, demain l'univers!
expression favorite: « Vous voulez parler de mes notes, sans doute! »

quiz

1. À ton avis, qu'est-ce que chaque élève veut devenir plus tard?
2. Comment s'appelle l'élève qui parle beaucoup de langues?
3. Comment s'appellent les monuments égyptiens qui sont très célèbres?
4. Est-ce que le mot **ciao** est anglais, italien ou français?
5. Qui n'aime pas manger à l'école?
6. Comment s'appelle un célèbre détective anglais?
7. D'habitude, où est-ce que les chimistes travaillent?
8. Comment s'appelle l'élève qui aime réparer les voitures?
9. Quel élève aime les sports?
10. Qu'est-ce que tu dois étudier pour devenir avocat(e)?
11. À ton avis, quel élève n'a pas de bonnes notes?
12. Quel est ton livre favori? Pourquoi?

quelques professions

un architecte	un ingénieur
un(e) athlète professionnel(le)	un(e) interprète
un(e) avocat(e)	un(e) mécanicien(ne)
un chef de cuisine	un pilote de ligne
un docteur	un professeur d'histoire

jeu de personnalité

Pose les questions suivantes à trois copains!

– Quel est ton passe-temps favori?
– Quel est ton livre favori?
– Quelle est ta matière favorite?
– Quelle est ta philosophie de la vie?
– Quelle est ton expression favorite?

Écris leurs réponses, puis lis ces réponses aux autres élèves. Ils doivent deviner **la profession** que la personne va peut-être choisir. Finalement, ils doivent deviner son **identité**.

petit vocabulaire

un(e) avocat(e)	lawyer
la chimie	chemistry
comprendre	to understand
la cuisine	cooking
le droit	law
la Terre	Earth
le vol delta	hang-gliding
vouloir, c'est pouvoir!	where there's a will, there's a way!
réparer	to repair

je me souviens!

le verbe avoir

j' ai	nous avons
tu as	vous avez
il a	ils ont
elle a	elles ont

A   complète les phrases!

1. Tu ... de mauvaises notes sur ce bulletin!
2. Il y ... du lait et du fromage dans le frigo!
3. Ses amis ... des billets pour le grand concert.
4. Quelle chance! Je n' ... pas de répétition ce soir!
5. Je suis prêt! ...-vous les raquettes de tennis?
6. Mme Laval ... beaucoup de travail à faire.
7. Le conseiller va ... trois interviews aujourd'hui.
8. Attendez! Nous ... des suggestions pour vous!

B   les expressions avec avoir

avoir ... ans, avoir besoin de, avoir de la chance, avoir faim,
avoir raison, avoir rendez-vous, avoir soif

1. Mon copain est malade. Il ... chez le docteur à 4 h 00.
2. C'est ton anniversaire? Oui, j'... 15 ... aujourd'hui.
3. Après les matchs de hockey, nous ... toujours ... !
4. Vous voulez trois hamburgers? Vous ... sans doute!
5. Pourquoi va-t-elle à la banque? Elle ... argent!
6. Mes amis Jules et Guy ... ! Leurs parents parlent français!
7. Tu ... ! C'est une bonne réponse!

que sais-je?

A ah, les verbes!

Complète chaque phrase avec la forme correcte du verbe.

1. Les élèves (répéter) les réponses.
2. (Continuer) le bon travail, Alain!
3. Aimes-tu (patiner)?
4. Ils (avoir) beaucoup à faire.
5. Quand est-ce que tu (partir)?
6. Il (devoir) améliorer ses notes.
7. Vous (sortir) avec René?
8. Il (réussir) parce qu'il (travailler) fort.
9. Nous allons (regretter) cette décision.
10. Je (vendre) ma moto à Paul.
11. Ils (prendre) de la soupe.
12. Tu (vouloir) devenir pilote de ligne?
13. Ils (apprécier) beaucoup les compliments.
14. Nous (devoir) recommencer la répétition.
15. Est-ce que tu (devoir) prendre rendez-vous avec le conseiller?

B les associations

Quelles idées vont ensemble?

1. **un théâtre**
2. une secrétaire
3. le ménage
4. un pilote
5. un acteur
6. un musicien
7. lire
8. partir
9. une guitare
10. samedi matin
11. les achats
12. un bulletin de notes
13. patiner

un avion
un film
l'école
un orchestre
une maison
les magasins
jouer
une pièce
la grasse matinée
un livre
un bureau
les vacances
le hockey

C au contraire!

Trouve les expressions contraires.

entrer
fils
commencer
fâché
arrêter
calme
sans
en avance
facile
partir

content
avec
fille
sortir
en retard
arriver
finir
difficile
commencer
nerveux

D jouer, jouer à ou jouer de?

1. Qui ... le rôle de Roméo dans cette pièce?
2. Est-ce que tu vas ... tennis samedi?
3. Mes petits frères ... dans la cour de l'école.
4. Maurice ... guitare au concert.
5. Veux-tu ... échecs?
6. Va-t-il ... piano pour la classe?
7. Il y a des chiens qui ... dans mon jardin! Mes fleurs!
8. En été, j'aime ... golf avec mon père.

E que ou qu'est-ce que?

1. ... tu fais après les classes?
2. ... veut-elle devenir plus tard?
3. ... prends-tu dans ton café?
4. ... ils attendent?
5. ... faites-vous ce soir?
6. ... ils vont acheter à la librairie?

F les suggestions

entrer vite ▶ **Entre vite!**
Entrons vite!
Entrez vite!

1. parler plus fort
2. faire le ménage
3. partir maintenant
4. aller jouer
5. être calme
6. attendre un instant
7. finir l'histoire
8. manger chez Mario
9. répéter la scène
10. prendre un taxi
11. sortir tout de suite
12. réfléchir un peu

G pas question!

jouer trop fort ▶ **Ne joue pas trop fort!**
Ne jouons pas trop fort!
Ne jouez pas trop fort!

1. manger ça
2. partir si vite
3. sortir sans manteau
4. oublier les instructions
5. raconter ces histoires
6. faire cela
7. aller trop loin
8. prendre le train
9. être nerveux
10. finir les devoirs

H les adverbes

adjectif   adverbe
exact, exact**e** → exacte**ment**

Fais des adverbes de tous les adjectifs suivants, puis utilise chaque adverbe dans une phrase.

1. lent
2. rapide
3. facile
4. normal
5. certain
6. difficile
7. calme
8. confortable
9. seul
10. général

I pas demain!

1. Aujourd'hui, Lise patine. ▶ **Demain, elle ne va pas patiner.**
2. Aujourd'hui, Pierre répète la pièce.
3. Aujourd'hui, nous sortons avec nos copains.
4. Aujourd'hui, vous avez rendez-vous chez le dentiste.
5. Aujourd'hui, je fais la grasse matinée.
6. Aujourd'hui, mes parents jouent aux cartes.
7. Aujourd'hui, j'apprends mon français.
8. Aujourd'hui, elles partent à huit heures.

J qui ou que?

1. La secrétaire ... travaille pour ma mère est très aimable.
2. Comment s'appelle le conseiller ... travaille dans la salle 201?
3. Le livre ... tu veux lire est sur la table dans le salon.
4. C'est toujours mon père ... a le choix des émissions à la télé.
5. Le rôle ... je joue est très intéressant.
6. Les sports ... il préfère sont assez violents.
7. Où est le travail ... je dois finir?
8. Ils achètent toujours des voitures ... sont très rapides.

K pourquoi?

1. Vous achetez une guitare parce que vous **aimez jouer du rock**.
2. Marie achète un livre pour son cousin parce qu'il ... .
3. Tu achètes des skis parce que tu ... .
4. Nous achetons une piscine parce que nous ... .
5. J'achète des disques pour mes soeurs parce qu'elles ... .
6. Les garçons achètent des raquettes de tennis parce qu'ils ... .
7. Paul achète trois pizzas parce qu'il ... .
8. Mes amis achètent des souliers de sport parce qu'ils ... .

L choisis bien!

où, qui, combien de, pourquoi, comment, quel, quand, que

1. ... penses-tu de ce chanteur? – Il est formidable!
2. ... vont-ils partir? – Dans une demi-heure.
3. ... voulez-vous aller pendant les vacances? – À Banff!
4. ... trouves-tu cette pièce? – Elle est magnifique!
5. Avec ... va-t-il sortir ce week-end? – Avec son ami Roger.
6. ... jours y a-t-il en mai? – Trente et un, bien sûr!
7. ... allez-vous en ville? – Nous devons faire des achats.
8. ... matière préfère-t-elle? – Le français, naturellement!

M les adjectifs

Fais des phrases avec tous les adjectifs au singulier et au pluriel.

1. suggestion: bon ▶ *Cette* **suggestion** est *bonne*.
   ▶ *Ces* **suggestions** sont *bonnes*.
2. actrice: beau, nerveux, français
3. pilote: petit, content, beau
4. pièce: canadien, difficile, mauvais
5. histoire: intéressant, ennuyeux, important
6. conseiller: aimable, fâché, occupé
7. rôle: nouveau, intéressant, petit
8. musée: grand, anglais, moderne
9. robe: joli, blanc, nouveau

N encore des adjectifs

Fais des phrases avec l'adjectif **quel** au singulier et au pluriel. Attention à la position des adjectifs!

1. beau / compliment ▶ *Quel beau compliment!*
   ▶ *Quels beaux compliments!*
2. sport / violent
3. bulletin de notes / mauvais
4. profession / intéressant
5. présentation / formidable
6. surprise / bon
7. voix / haut
8. film / beau
9. théâtre / grand

O l'élimination des mots

Quel mot ne va pas?

1. bulletin de notes, matière, ménage, géographie
2. pilote, secrétaire, dentiste, entrée
3. acteur, fils, scène, rôle
4. répétition, sport, présentation, pièce
5. merci, allô, bonjour, salut
6. numéro, verbe, adjectif, nom
7. musée, théâtre, cinéma, histoire
8. conseiller, dentiste, professeur, directeur

P la même chose

Trouve les expressions équivalentes.

vouloir	impossible
certainement	je suis désolé
je regrette	maintenant
excusez-moi	**désirer**
pas question	bien sûr
en ce moment	pardon

5

anguage	the passé composé of regular verbs conjugated with avoir
	the passé composé of faire
communication	talking about what you have done
situation	discussing leisure activities

quel gars gonflé!

Lundi matin, deux copains, Max et Claudine, discutent avant les classes.

MAX – Salut, Claudine! Tu as passé un bon week-end?

CLAUDINE – Tu parles! Avec ces deux jours de pluie, je n'ai pas quitté la maison! J'ai regardé la télé, puis mon père et moi, nous avons joué au billard. Je n'ai pas perdu une seule partie! Et toi, qu'est-ce que tu as fait? Tu n'as pas répondu quand j'ai téléphoné.

MAX – Ah, c'est parce que moi, j'ai assisté à une course de moto-cross. C'est formidable, ce sport! Mon frère a participé à la course, mais cette fois, il n'a pas gagné.

CLAUDINE – Ton frère André, avec les lunettes épaisses, a participé à une course de moto-cross? Pas possible!

MAX – Si, si! C'est un gars vraiment gonflé! Il a déjà sauté en parachute, il fait souvent du saut à skis et du karaté et il a plongé les dix mètres à la piscine!

CLAUDINE – Mais, il est fou!

MAX – Et ce n'est pas tout! Il veut être cascadeur plus tard!

CLAUDINE – Cascadeur! Il a choisi une profession dangereuse!

MAX – Eh bien, le courage et l'aventure, tu sais, c'est dans la famille!

CLAUDINE – Et toi, tu n'as pas changé tes projets d'avenir?

MAX – Ah, non! Je veux devenir professeur, comme toujours!

...abulaire

...ain

le billard	billiards
un cascadeur	stuntman
un gars	guy, fellow
des projets d'avenir	plans for the future

féminin

une course	race
les lunettes	glasses
une partie	game
la pluie	rain

verbes

assister (à)	to attend
choisir	to choose
passer	to spend (time)
perdre	to lose
plonger	to dive
sauter	to jump

adjectifs

épais, épaisse	thick
gonflé	daring
seul	single

expressions

faire du saut à skis	to ski-jump
pas possible!	incredible! impossible!
tu parles!	you must be kidding!
tu sais	you know

les mots-amis

une aventure	un mètre
changer	le moto-cross
le courage	un parachute
dangereux(-euse)	participer
le karaté	

as-tu compris?

1. Qu'est-ce que les deux copains font avant les classes?
2. Où est-ce que Claudine a passé le week-end?
3. À quoi a-t-elle joué? Avec qui?
4. Qui a gagné toutes les parties?
5. À quelle course est-ce que Max a assisté?
6. Qui a participé à la course?
7. Prouve qu'André est un gars «gonflé».
8. Qu'est-ce qu'il veut devenir plus tard?
9. Selon Claudine, comment est cette profession?
10. Qu'est-ce que Max veut devenir?

entre nous

1. Qu'est-ce que tu as fait le week-end dernier?
2. Qu'est-ce que tes parents ont fait le week-end dernier? Et tes copains?
3. À quels sports as-tu déjà participé?
4. Qu'est-ce que tu as regardé à la télé la semaine dernière?
5. Qu'est-ce que tu as fait à la maison hier soir?
6. Qu'est-ce que tu as fait pendant les vacances l'été dernier?

la langue vivante

le français des copains

sensass	
terrible	super, great
extra	

il/elle est sympa!	he's/she's okay!

un gars	guy
gonflé	daring, "gutsy"
sans blague!	no kidding!
et comment!	and how! you bet!
pas question!	no way!
pas possible!	incredible! unreal! wow!
pas vrai!	you don't say!
tu parles!	you must be kidding!
	oh yeah, sure!

ntre amies

CLAIRE – Sensass! Extra! André Lemieux a gagné la course!

BARBARA – Il est terrible, ce gars! Vraiment gonflé!

CLAIRE – Et comment! Il a déjà sauté en parachute aussi!

BARBARA – Pas vrai!

CLAIRE – Bien sûr! Et, tu sais, c'est aussi un de mes copains.

BARBARA – Sans blague!

CLAIRE – Ah oui! Il est très sympa. Tu veux le rencontrer?

BARBARA – Et comment!

observations

le passé composé (verbes avec avoir)

The **passé composé** is used to refer to events which happened in the past.

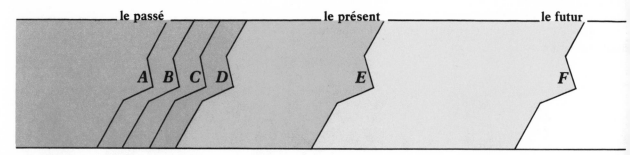

A   Avant de manger, j'**ai téléphoné** à ma copine,
B   j'**ai fait** mes devoirs et
C   j'**ai regardé** la télé,
D   puis, nous **avons mangé**.
E   Maintenant, je fais la vaisselle.
F   Après, je vais encore regarder la télé.

The **passé composé** consists of two parts: a present tense form of the verb **avoir**, and a special form of the main verb, called the **participe passé**.

regarder	finir	vendre	faire
j'ai regardé★	j'ai fini★	j'ai vendu★	j'ai fait★
tu as regardé	tu as fini	tu as vendu	tu as fait
il a regardé	il a fini	il a vendu	il a fait
elle a regardé	elle a fini	elle a vendu	elle a fait
nous avons regardé	nous avons fini	nous avons vendu	nous avons fait
vous avez regardé	vous avez fini	vous avez vendu	vous avez fait
ils ont regardé	ils ont fini	ils ont vendu	ils ont fait
elles ont regardé	elles ont fini	elles ont vendu	elles ont fait

★I watched	★I finished	★I sold	★I did
I have watched	I have finished	I have sold	I have done
I did watch	I did finish	I did sell	I did do

	l'infinitif	le participe passé
les verbes en **-er**	modèle: parl**er**	→ parl**é**
les verbes en **-ir**	modèle: fin**ir**	→ fin**i**
les verbes en **-re**	modèle: vend**re**	→ vend**u**

exemples

Ils **ont attendu** cinq minutes.
Mon ami **a assisté** à un concert hier soir.
Vous **avez choisi** de belles lunettes!
J'**ai fait** beaucoup de travail aujourd'hui!
Ils n'**ont** pas **fini** leurs devoirs.
Je n'**ai** jamais **vendu** mes disques!

As-tu **regardé** le match hier soir?
Où **avez**-vous **trouvé** mon stylo?
A-t-il perdu la partie?
Est-ce qu'elle **a plongé** les dix mètres?
N'**as**-tu jamais **regardé** la télé?

à la négative

je	n'ai			
tu	n'as			
il	n'a	**pas**		particip
elle	n'a	+ ou	+	participe
nous	n'avons	**jamais**		passé
vous	n'avez			
ils	n'ont			
elles	n'ont			

je n'ai
tu n'as
il n'a
elle n'a   **pas**
            + ou   + participe
nous n'avons   **jamais** passé
vous n'avez
ils n'ont
elles n'ont

à l'interrogative

ai-je
as-tu
a-t-il
a-t-elle   + participe ?
avons-nous   passé
avez-vous
ont-ils
ont-elles

est-ce que j'ai
est-ce que tu as
est-ce qu'il a
est-ce qu'elle a   + participe ?
est-ce que nous avons   passé
est-ce que vous avez
est-ce qu'ils ont
est-ce qu'elles ont

---

les adverbes et le passé composé

J'ai **beaucoup** aimé la pièce hier soir.
Il a **déjà** fini la course.
Nous avons **trop** mangé aujourd'hui.
Elle a **toujours** porté des lunettes.

D'habitude, ces adverbes précèdent le participe passé:
trop, assez, bien, beaucoup, toujours, souvent, déjà, vraiment, encore

on y va!

A je sais le passé composé!

1. Donne les formes des verbes **téléphoner**, **finir**, **attendre** et **réussir** à l'affirmative avec les pronoms **je**, **nous** et **ils**.
2. Donne les formes des verbes **chercher**, **choisir**, **parler** et **répondre** à la négative avec les pronoms **tu**, **vous** et **elle**.
3. Donne les formes des verbes **regarder**, **réfléchir**, **jouer** et **vendre** à l'interrogative avec les pronoms **il**, **tu** et **elles**.
4. Donne les formes du verbe **faire** à l'affirmative avec les pronoms **je**, **nous** et **ils**.

B Robert est populaire!

Ce week-end, tout le monde a téléphoné à Robert!

1. Jean　▶ **Jean a téléphoné à Robert.**
2. Isabelle
3. je
4. les soeurs Lefort
5. vous
6. Jean-Pierre et Yves
7. nous
8. les grands-parents
9. son cousin

C qui a fait quoi ce week-end?

1. Pierre / faire ses devoirs
   ▶ **Pierre a fait ses devoirs.**
2. les Dupont / manger au restaurant
3. M. Duval / regarder la télé
4. je / vendre ma bicyclette
5. nous / attendre la visite de notre grand-père
6. tu / acheter une auto
7. vous / assister au concert
8. les voisins / passer une journée au parc
9. Andrée / faire du ski nautique
10. Guy et Luc / jouer au hockey

D c'est dommage!

1. Paul / téléphoner à Henri
   ▶ **Paul n'a pas téléphoné à Henri.**
2. je / assister au match
3. nous / gagner une seule partie
4. Mireille / réussir à son test
5. mes copains / jouer aux cartes
6. vous / réfléchir à ce problème
7. tu / attendre tes copains
8. je / finir mes devoirs

E pose des questions!

1. Paul / plonger / les dix mètres
   ▶ **Est-ce que Paul a plongé les dix mètres?**
2. Marie / finir / ses devoirs
3. vous / choisir / une profession
4. André et Guy / participer à / la course de moto-cross
5. tu / assister à / le match de basket-ball
6. tu / répondre à / le téléphone
7. vous / passer / une bonne journée
8. Anne et Lise / changer / leurs projets d'avenir

F toujours des questions!

1. Lucie / trouver / ses lunettes
   ▶ **A-t-elle trouvé ses lunettes?**
2. tu / passer / un bon week-end
3. vous / rencontrer / tous les élèves
4. tu / choisir / un cadeau pour ta mère
5. les élèves / oublier / leurs rôles
6. tu / assister à / le concert hier soir
7. vous / attendre / le facteur ce matin
8. Marie et Jeannette / améliorer / leur français
9. Paul / finir / la course
10. Anne / faire / le ménage aujourd'hui

G dans le bon ordre!

1. manger / trop / Robert
   ▶ **Robert a trop mangé.**
2. assez / vous / travailler
3. sauter en parachute / déjà / je
4. ne pas gagner / Mélanie / souvent
5. aimer cette pièce / nous / beaucoup
6. bien / Jacques / jouer cette partie
7. vraiment / Paul / réussir cette fois
8. préférer les sports d'hiver / toujours / tu
9. trop / leurs enfants / manger
10. les jeunes filles / acheter de nouveaux vêtements / encore

H cherche la bonne réponse!

liste A

1. Où as-tu acheté ces jeans?
2. Quand as-tu téléphoné?
3. Combien de temps as-tu attendu?
4. Qu'est-ce que tu as fait ce week-end?
5. À quel match as-tu assisté?
6. Combien as-tu dépensé?
7. Pourquoi as-tu acheté un pantalon bleu?
8. À qui as-tu posé cette question?
9. Qu'as-tu regardé à la télé?

liste B

Au match entre les Canadiens et les Flyers.
Au grand magasin.
Parce que j'ai déjà un chandail de cette couleur.
Vers sept heures.
À mon père, bien sûr.
Cinq minutes seulement.
Un film d'horreur.
Vingt dollars.
J'ai fini tous mes devoirs.

I pourquoi pas?

A – Tu as **regardé la télé** samedi?
B – Mais non!
A – Pourquoi pas?
B – Parce que j'ai **fait mes devoirs**.
A – **Tu exagères**!

1. regarder un film
   faire le ménage
   tu plaisantes!
2. jouer au hockey
   ranger ma chambre
   pas vrai!
3. faire du ski
   travailler au magasin
   sans blague!
4. jouer de la guitare
   vendre ma guitare
   pas possible!
5. jouer aux échecs
   faire du saut à skis
   tu parles!

J un gars gonflé

A – Qu'est-ce que tu as fait hier?
B – J'ai **joué aux cartes**. Et toi?
A – Moi, j'ai **fait du moto-cross**.
B – Mais c'est dangereux, non?
A – Pas du tout!

1. regarder la télé
   jouer au hockey
2. étudier l'histoire
   faire du saut à skis
3. préparer le dîner
   sauter en parachute
4. écouter des disques
   faire du karaté

entre nous

Ma chère Marie-Claire,

Merci de ta dernière lettre. Quel plaisir! J'adore ton sens de l'humour. J'ai surtout aimé les aventures de ton frère. Quel phénomène! J'espère qu'il va mieux après son accident de ski. C'est vraiment dommage. Dis bonjour pour moi quand tu vas à l'hôpital.

Écoute, Marie-Claire, j'ai un grand secret que je dois partager avec toi. J'ai rencontré un gars formidable! Il s'appelle André et je suis certaine qu'il est amoureux de moi. Oh, Marie-Claire, il est vraiment sensass! Le week-end dernier, il a participé à une course de moto-cross. Et en plus, il a souvent sauté en parachute. C'est pas mal, non?

Eh bien, je dois dire au revoir maintenant — je vais au cinéma avec Georges. Réponds-moi vite!

Bien à toi,
Jeannette

petit vocabulaire

amoureux(-euse) de	in love with
bien à toi	'bye for now
en plus	besides
espérer	to hope
mieux	better
partager	to share
un plaisir	pleasure
quel phénomène!	what a character!
un sens de l'humour	sense of humour
réponds-moi	answer me
surtout	especially

vrai ou faux?

1. Marie-Claire a un bon sens de l'humour.
2. Le frère de Marie-Claire est à l'hôpital.
3. Le garçon que Jeannette a rencontré est pénible.
4. André déteste Jeannette.
5. André est un garçon qui aime les sports dangereux.
6. Jeannette et André vont aller au cinéma.

quiz

1. Quand tu sautes d'un avion, tu dois porter un ...
2. Quand tu as un accident, tu dois aller à l'...
3. Normalement, une personne qui plaisante toujours a un bon ...
4. Quand tu sors pour regarder un film, d'habitude, tu vas au ...
5. Pour participer à une course de moto-cross, tu as besoin d'une ...
6. Quand tu quittes tes copains, tu dis ...

au contraire!

Le contraire du mot **lentement**, c'est ...
Le contraire du mot **premier**, c'est ...
Le contraire du mot **avant**, c'est ...

l'explosion des mots

répondre → **Réponds-moi! / Répondez-moi!**

téléphoner, écouter, demander, donner, apporter, attendre, montrer, aider, répondre

1. Vous avez des questions? **Demandez-moi!** Je suis conseiller!
2. Garçon! ...-... un verre de lait, s'il vous plaît!
3. Attention tout le monde! ...-...! Je veux parler de vos notes!
4. ...-... devant l'école! J'arrive dans cinq minutes!
5. J'ai écouté assez d'excuses! ...-... ton bulletin!
6. Voilà! J'ai posé ma question. Maintenant, ...-...!
7. ...-... à 5 h 00 cet après-midi, s'il te plaît!
8. Aïe! Ne restez pas là comme des idiots! ...-...!
9. Jean! Tu es dans le salon? ...-... mes lunettes, s'il te plaît!

bon voyage!

A du tac au tac

Quelle est ta réaction à chaque situation? Choisis bien!

1. Sais-tu qu'André veut devenir cascadeur à Hollywood?
2. Imagine! Je n'ai pas gagné une seule partie!
3. Tu veux faire du saut à skis avec moi?
4. Youppi! J'ai gagné la loterie!
5. Dis donc, notre prof est champion de karaté!
6. C'est dangereux, le moto-cross, non?
7. Tiens! Mon ami Paul va faire un saut en parachute!
8. Tu as trouvé le test facile, n'est-ce pas?
9. Moi, j'ai passé trois semaines sans regarder la télé!
10. Tu n'as pas participé au dernier match de hockey?
11. Le nouveau prof est assez aimable, n'est-ce pas?

Il est fou, ce gars!
Tu parles! Quarante questions, c'est trop!
Oui, il est vraiment sympa!
Pas possible!
Quel gars gonflé!
Sans blague!
Et comment!
Pas question!
Quel dommage!
Sensass!
Si, si! J'ai marqué deux buts!

B quel week-end!

Ton copain pose beaucoup de questions! Parle de ton week-end avec un partenaire qui joue le rôle de ton copain. Utilise ton imagination!

TON COPAIN – Salut! Tu as passé un bon week-end?

TOI – ...

TON COPAIN – Dis donc, vendredi soir, j'ai joué au billard chez Roger! Qu'est-ce que tu as fait?

TOI – ...

TON COPAIN – Vraiment? Tiens! Samedi matin, j'ai fait du ski avec Claudine! Et toi?

TOI – ...

TON COPAIN – C'est tout? Moi, après le déjeuner, j'ai regardé le match de football à la télé. Qu'est-ce que tu as fait samedi après-midi?

TOI – ...

TON COPAIN – Ah, bon! Tu sais, dimanche, j'ai visité le musée avec mon oncle! Tu as fait quelque chose dimanche?

TOI – ...

TON COPAIN – Ah, oui? Bon! Écoute, je dois partir maintenant! Salut!

TOI – Mais où vas-tu?

TON COPAIN – Où je vais? Écoute, moi, je ne réponds jamais aux questions personnelles!

Voici quelques possibilités:

faire la grasse matinée
étudier mon français
faire la vaisselle
jouer au hockey
jouer au Ping-Pong
faire une promenade
préparer le dîner
faire le ménage
ranger ma chambre
finir mes devoirs
aider mes parents
parler avec un ami

c à la douane

A – Où habitez-vous?
B – Au Canada.
A – Quel pays avez-vous visité?
B – J'ai visité **le Mexique**.
A – Avez-vous quelque chose à déclarer?
B – Oui, j'ai acheté **un sombrero et des sandales**.
A – Ça a couté combien?
B – **$23.60**.
A – Merci. Bonne journée!

1. la France
   des posters: $24.00
   une bouteille de vin: $15.00

2. la Suisse
   une montre: $65.00
   des chocolats: $18.50

3. les États-Unis
   des vêtements: $70.00
   des disques: $22.00

4. le Portugal
   une blouse: $12.50
   une robe: $29.00

5. l'Italie
   des souliers: $38.60
   des souvenirs: $24.25

petit vocabulaire

un pays	country
les États-Unis	United States
quelque chose	something, anything

D le chef des détectives

Tu es le chef des détectives de la police. Un reporter téléphone pour demander des détails sur les arrestations de la journée. Lis les dossiers suivants, puis réponds aux questions du reporter pour chaque criminel.

les questions du reporter:

1. Qui avez-vous arrêté aujourd'hui?
2. Quel âge a-t-il?
3. Quelle est sa description?
4. Qu'est-ce qu'il a fait?
5. Qui a fait l'arrestation?
6. Où et quand avez-vous arrêté le criminel?
7. Comment est-il?
8. A-t-il déjà passé du temps en prison?
9. Est-ce qu'il a travaillé avec un partenaire?

petit vocabulaire

arrêter	to arrest
une barbe	beard
un dossier	file
gros(se)	fat
le nez cassé	broken nose
par	by
voler	to steal

NOM: Jacques « Le Prof » Dupervier
ÂGE: 32 ans
DESCRIPTION: assez grand; moustache noire
CRIME: a kidnappé le fils de Maurice Lebel
ARRÊTÉ PAR: l'inspecteur Bouchard
ARRÊTÉ À: l'hôtel Piccolo (à 16 h 30)
REMARQUES: un homme sophistiqué et intelligent; c'est sa première arrestation; a travaillé avec Jean Dufour

NOM: Georges « Le Chat » Lambert
ÂGE: 27 ans
DESCRIPTION: très petit; lunettes épaisses
CRIME: a volé les diamants du musée
ARRÊTÉ PAR: l'inspecteur Clovis
ARRÊTÉ À: l'aéroport (à 24 h 00)
REMARQUES: un homme nerveux; a déjà passé trois ans en prison; arrêté avec son partenaire, Luc Joubert

NOM: Robert « Le Gorille » Doifin
ÂGE: 43 ans
DESCRIPTION: très grand; nez cassé
CRIME: a volé la voiture de l'inspecteur Clovis
ARRÊTÉ PAR: le détective Thomas
ARRÊTÉ À: la gare Centrale (à 11 h 00)
REMARQUES: un gars violent et dangereux; a déjà passé dix ans en prison

NOM: Hector « Grand-papa » Chaban
ÂGE: 73 ans
DESCRIPTION: petit; assez gros; barbe blanche
CRIME: a volé des gâteaux
ARRÊTÉ PAR: l'inspecteur Clouseau
ARRÊTÉ À: la pâtisserie « Éclair » (à 9 h 20)
REMARQUES: sympa, mais dangereux; a déjà passé un total de 35 ans en prison; travaille toujours avec sa mère

E flash!

D'habitude, les communications à longue distance, comme les télégrammes, sont toujours en lettres majuscules. Dans ces messages, il n'y a pas d'accents. Lis les exemples suivants. Quels sont les accents qui manquent?

```
ATTN: STATION CVLF

NEW YORK: AU SHEA STADIUM, LES
EXPOS GAGNENT LEUR MATCH FINAL
CONTRE LES METS DE NEW YORK
PAR UN SCORE DE 3 A 1. LE
LANCEUR SHOTGUN JONES COMMENCE
ET FINIT LA PARTIE.


VANCOUVER: APRES UN MATCH DIFFI-
CILE, LES WHITECAPS REUSSISSENT
CONTRE LE CLUB BLIZZARD PAR UN
SCORE DE 2 A 1. LE NUMERO 14,
JIMMY SMITH, MARQUE LE DEUXIEME
BUT DANS LA DERNIERE MINUTE DU
MATCH.


EDMONTON: L'UNIVERSITE D'ALBERTA
GAGNE CONTRE L'UNIVERSITE YORK
APRES UN MATCH DE BASKET-BALL
SENSATIONNEL. SCORE FINAL: 76 A
75. 'JE SUIS ASSEZ CONTENT' A
DIT LE CAPITAINE DE L'EQUIPE DE
TORONTO, 'TOUT LE MONDE A BIEN
JOUE.'
```

```
MIAMI: L'ITALIENNE, MARIA
DIPALMA, GAGNE LE TOURNOI INTER-
NATIONAL DE TENNIS CONTRE LA
CANADIENNE, FRANCOISE BRISEBOIS.
SCORE FINAL: 6-2, 6-4, 7-5.


BOSTON: RESULTATS DU MARATHON -
PAUL GRANGER FINIT LA COURSE EN
DEUX HEURES 13 MINUTES POUR
BATTRE LE RECORD. APRES, IL A
DIT: 'C'EST MON PREMIER MARATHON
MAIS CE N'EST PAS MON DERNIER;
JE VAIS PARTICIPER AUX COURSES
PROFESSIONNELLES.'


MONTREAL: DANS LE DERNIER MATCH
DE LA COUPE STANLEY, LES CANA-
DIENS BATTENT LES RANGERS PAR
UN SCORE DE 3 A 2. RICHARD GER-
VAIS MARQUE 3 BUTS POUR LE CLUB
CANADIEN. LE PREMIER MINISTRE
PRESENTE LA COUPE AU CAPITAINE.
```

F devant le micro

Tu es l'annonceur des nouvelles du sport à la radio. Ton émission commence bientôt. Avec les flashes de l'exercice E, prépare le texte que tu vas présenter à la radio!

Par exemple:

«Au Shea Stadium, les Expos ont gagné leur match final contre les Mets de New York par un score de 3 à 1. Le lanceur Shotgun Jones a commencé et a fini la partie.»

petit vocabulaire

battre	to beat
(participe passé: battu)	
il a dit	he said
un lanceur	pitcher
une lettre majuscule	capital letter
manquer	to be missing
un résultat	result
un tournoi	tournament

je me souviens!

le verbe être

je suis	nous sommes
tu es	vous êtes
il est	ils sont
elle est	elles sont

ÊTRE
OU NE PAS
ÊTRE ...

quelle forme du verbe être?

1. Nos copains ... en retard pour les classes.
2. Il ... deux heures et demie.
3. Ses soeurs ... vraiment belles.
4. Nous ... prêts pour le test.
5. Tu ... de Trois-Rivières?
6. Elle n'... pas ici parce qu'elle ... malade.
7. Pourquoi ...-vous fâchés?
8. Tout le monde ... très content.

les adjectifs réguliers (*Grammaire*, page 185)

Il est grand.	Ils sont grand**s**.
Elle est grand**e**.	Elles sont grand**es**.
Il est sympathiqu**e**.	Elle est sympathiqu**e**.
Il est occup**é**.	Elle est occup**ée**.

fais des phrases!

Utilise chaque nom avec la forme correcte de l'adjectif pour faire des phrases.

1. **bleu:** un pantalon, une auto, des fleurs, des chandails
2. **occupé:** une voisine, un acteur, des pilotes, des directrices
3. **content:** des secrétaires, un bébé, des enfants, une copine
4. **moderne:** des hôtels, un bâtiment, des écoles, une ville
5. **américain:** une actrice, un film, des vêtements, des pièces

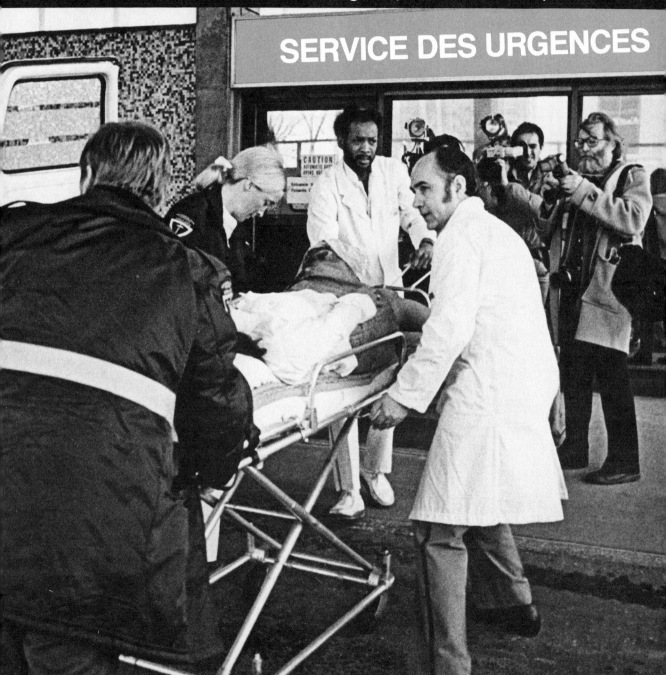

6

language	the passé composé of verbs conjugated with être
	the verb venir
communication	describing past events
situation	the emergency ward at a hospital

SERVICE DES URGENCES

au service des urgences

Nous sommes au service des urgences à l'hôpital St-André. Le docteur Sangfroid parle avec une infirmière.

LE MÉDECIN – Mademoiselle, venez avec moi, s'il vous plaît.

L'INFIRMIÈRE – Très bien, docteur.

LE MÉDECIN – Alors, qu'est-ce qui est arrivé à ce jeune homme?

L'INFIRMIÈRE – C'est un laveur de vitres, docteur. Il est monté au troisième étage d'un immeuble, il a perdu l'équilibre et il est tombé.

LE MÉDECIN – Et il n'est pas mort? Quelle chance!

L'INFIRMIÈRE – Et comment! Il a les deux jambes et un bras de cassés, c'est tout.

LE MÉDECIN – Et ce garçon? Est-ce que c'est sérieux?

L'INFIRMIÈRE – Pas vraiment, docteur. Il est allé faire de la planche à roulettes dans la rue. Il y a une pente devant sa maison…

LE MÉDECIN – … Et il est descendu trop vite, sans doute.

L'INFIRMIÈRE – Oui, il est rentré dans un arbre.

LE MÉDECIN – Et cette jeune fille?
L'INFIRMIÈRE – Elle est restée trois heures dans
 un ascenseur en panne. Elle est
 ici à cause du choc.

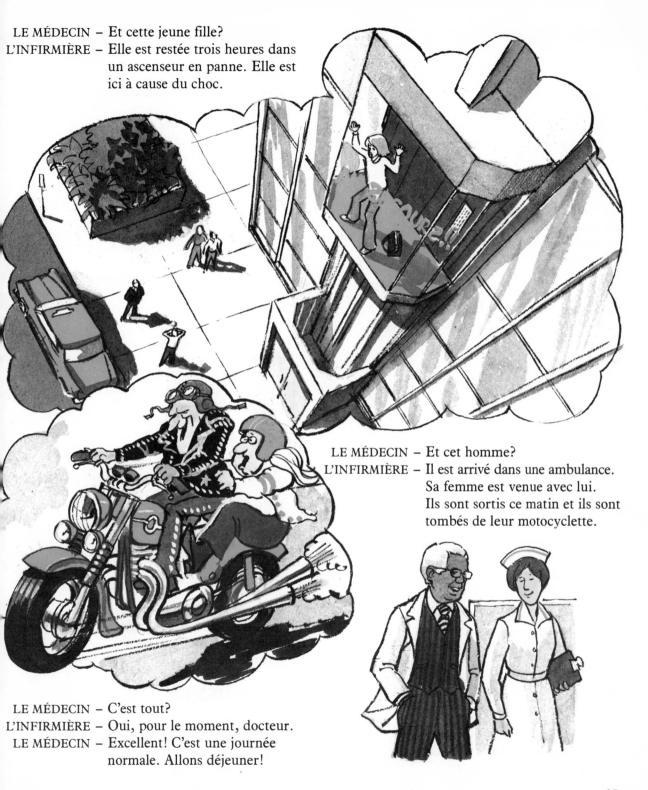

LE MÉDECIN – Et cet homme?
L'INFIRMIÈRE – Il est arrivé dans une ambulance.
 Sa femme est venue avec lui.
 Ils sont sortis ce matin et ils sont
 tombés de leur motocyclette.

LE MÉDECIN – C'est tout?
L'INFIRMIÈRE – Oui, pour le moment, docteur.
LE MÉDECIN – Excellent! C'est une journée
 normale. Allons déjeuner!

masculin

un bras	arm
un choc	shock
l'équilibre	balance
un infirmier	nurse
un laveur de vitres	window cleaner
un médecin	doctor
le service des urgences	emergency ward

féminin

une femme	wife; woman
une infirmière	nurse
une jambe	leg
une pente	slope
une planche à roulettes	skateboard

verbes

descendre	to go down, come down
monter	to go up, come up
rentrer dans	to crash into
tomber	to fall
venir	to come

adjectifs

(de) cassé	broken
mort	dead
sérieux(-euse)	serious

préposition

à cause de	because of

expressions

avec lui	with him
en panne	broken down; stuck
faire de la planche à roulettes	to skateboard
qu'est-ce qui est arrivé (à) …?	what happened (to) …?

les mots-amis

une ambulance	excellent
un docteur	un hôpital(-aux)

as-tu compris?

1. Où travaille le docteur Sangfroid?
2. Avec qui parle-t-il?
3. Qu'est-ce qui est arrivé au laveur de vitres?
4. Qu'est-ce qu'il a de cassé?
5. Qu'est-ce que le garçon est allé faire dans la rue?
6. Qu'est-ce qui est arrivé au garçon?
7. Qu'est-ce qui est arrivé à la jeune fille?
8. Pourquoi est-elle à l'hôpital?
9. Comment est-ce que l'homme est arrivé à l'hôpital?
10. Qui est venu avec lui?
11. Qu'est-ce qui est arrivé à cet homme?
12. Comment est-ce que le docteur trouve cette journée?

entre nous

1. À quelle heure es-tu parti de la maison ce matin?
2. Comment es-tu venu à l'école aujourd'hui?
3. À quelle heure es-tu arrivé à l'école?
4. Où es-tu allé après les classes vendredi dernier?
5. Es-tu sorti avec tes copains samedi soir? Où êtes-vous allés?
6. Quels sports fais-tu?
7. Où dois-tu aller après un accident sérieux?
8. Quel est le numéro de téléphone du service des ambulances dans ta ville?
9. Quel est le numéro de téléphone de la police?
10. Comment s'appelle ton docteur? ton dentiste?

as-tu remarqué?

Je ne veux pas sortir **à cause de** la pluie.
Je ne veux pas sortir **parce qu'**il pleut.

1. Elle n'a pas acheté cette robe … couleur.
2. Il n'a pas acheté ce pantalon … il n'aime pas le bleu.
3. Il est à l'hôpital … accident.
4. Il est à l'hôpital … il est tombé de sa bicyclette.
5. Mes parents sont très contents … mes bonnes notes.
6. Je suis content … j'ai de bonnes notes.
7. Nous sommes descendus à pied … l'ascenseur est en panne.
8. Tu dois porter ton manteau … mauvais temps!

le bon usage

Il a un bras de **cassé**.
Il a les deux jambes de **cassées**.
Il a **cassé** ses lunettes.
Ses lunettes sont **cassées**.

la protection, c'est l'essentiel!

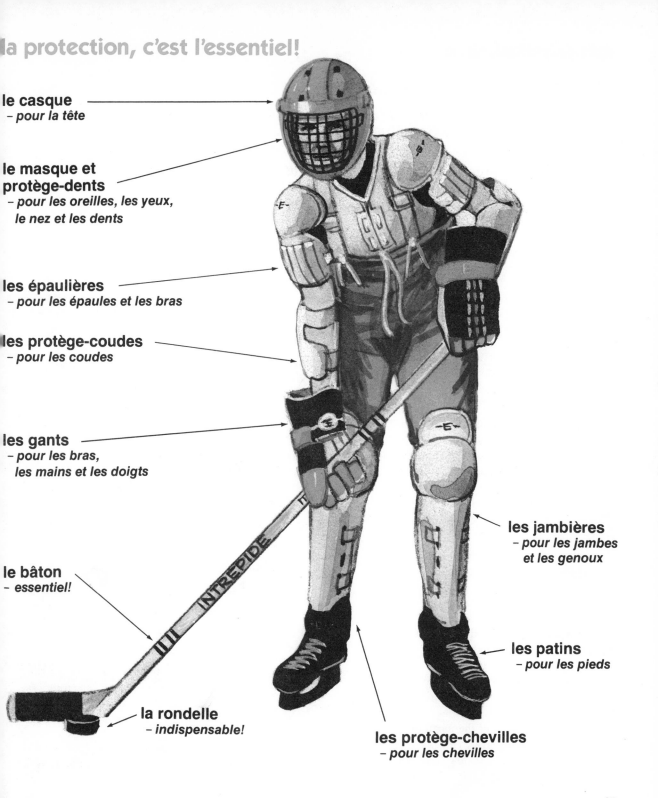

le casque
– *pour la tête*

**le masque et
protège-dents**
– *pour les oreilles, les yeux,
le nez et les dents*

les épaulières
– *pour les épaules et les bras*

les protège-coudes
– *pour les coudes*

les gants
– *pour les bras,
les mains et les doigts*

le bâton
– *essentiel!*

la rondelle
– *indispensable!*

les jambières
– *pour les jambes
et les genoux*

les patins
– *pour les pieds*

les protège-chevilles
– *pour les chevilles*

observations

le passé composé (verbes avec être)

The **passé composé** of the following verbs consists of two parts:
a present tense form of the verb **être** and the **participe passé** of the main verb.

l'infinitif	le participe passé	l'infinitif	le participe passé
aller	allé	rentrer	rentré
descendre	descendu	rester	resté
devenir	devenu	retourner	retourné
entrer	entré	sortir	sorti
monter	monté	tomber	tombé
partir	parti	venir	venu

---

modèle: arriver (to arrive)

je suis	arrivé(e)*
tu es	arrivé(e)
il est	arrivé
elle est	arrivée
nous sommes	arrivé(e)s
vous êtes	arrivé(e)(s)
ils sont	arrivés
elles sont	arrivées

*I arrived, I have arrived, I did arrive

une personne

sujet masculin	sujet féminin
je suis arrivé	je suis arrivée
tu es arrivé (*familier*)	tu es arrivée (*familier*)
vous êtes arrivé (*poli*)	vous êtes arrivée (*poli*)
il est arrivé	elle est arrivée

plusieurs personnes

sujet masculin	sujet féminin
nous sommes arrivés	nous sommes arrivées
vous êtes arrivés	vous êtes arrivées
ils sont arrivés	elles sont arrivées

exemples

Jacqueline **est allée** au cinéma.
Mes amis **sont venus** à la party.
Est-il déjà **entré?**
Lise **est devenue** secrétaire.
Nous **sommes sortis** hier soir.
Les jeunes filles **sont parties** à 8 h 00.
Est-ce qu'ils **sont arrivés?**
Elle n'**est** pas encore **retournée.**
L'ascenseur **est monté** très lentement.
Beaucoup de passagers **sont montés** dans le train.

! The written form of the **participe passé** of verbs
◆ conjugated with **être** changes according to the
subject, just like a regular adjective.

le verbe venir (to come)

le présent	le passé composé
je viens	je suis venu(e)
tu viens	tu es venu(e)
il vient	il est venu
elle vient	elle est venue
nous **ven**ons	nous sommes venu(e)s
vous **ven**ez	vous êtes venu(e)(s)
il viennent	ils sont venus
elles viennent	elles sont venues

! Attention au participe passé!
◆ Le verbe **devenir** est conjugué comme le verbe
venir!

on y va!

A je sais le verbe <u>venir</u>!

Donne les formes du présent du verbe **venir** à l'affirmative, à la négative et à l'interrogative avec les pronoms **tu**, **nous**, **vous**, **ils** et **elles**.

B je sais le passé composé!

1. Donne les formes du passé composé des verbes **arriver**, **retourner**, **venir** et **sortir** à l'affirmative avec les pronoms **je**, **nous**, **vous** et **elles**.
2. Donne les formes du passé composé des verbes **arriver**, **retourner**, **venir** et **sortir** à la négative avec les pronoms **je**, **tu**, **il** et **nous**.
3. Donne les formes du passé composé des verbes **entrer**, **rester**, **tomber** et **venir** à l'interrogative avec les pronoms **tu**, **vous**, **il**, **elle** et **ils**.

C d'où viens-tu?

1. Robert / Montréal
   ▶ **Robert vient de Montréal.**
2. je / Toronto
3. nous / Vancouver
4. mon copain / Regina
5. vous / Moncton
6. son cousin / Fredericton
7. ils / Winnipeg
8. tu / Edmonton

D quand le chat n'est pas là...

1. Robert / aller au cinéma
   ▶ **Robert est allé au cinéma.**
2. Jacques / tomber de sa bicyclette
3. André / partir à 5 h 00
4. Marlène / sortir avec Jean-Claude
5. je / rester à la maison
6. Lise et Chantal / arriver en taxi
7. Jacqueline / venir à la party
8. Mireille / aller faire du ski
9. mes parents / rentrer tard
10. mes amis / retourner à la maison

E départs et retours

1. Paul / 2 janvier / 4 janvier / deux jours
   ▶ **Paul est parti le 2 janvier et il est rentré le 4 janvier. Alors, il est resté deux jours.**
2. mes parents / 9 juillet / 16 juillet / une semaine
3. je / 1er mars / 31 mars / un mois
4. Jacques et Marc / 1er janvier / 31 décembre / une année
5. vous / 1er juillet / 14 juillet / deux semaines
6. tu / 4 septembre / 8 septembre / cinq jours
7. nous / dimanche matin / dimanche soir / une journée
8. Chantal / lundi après-midi / vendredi après-midi / quatre jours
9. mon frère et ma soeur / 1er juillet / 31 août / deux mois
10. Anne et Lise / midi / 6 h 00 / un après-midi

F <u>être</u> ou <u>avoir</u>? choisis bien!

1. Marc travaille au magasin.
   ▶ **Marc a travaillé au magasin.**
2. Nous partons à 5 h 00.
   ▶ **Nous sommes partis à 5 h 00.**
3. Gisèle entre seule.
4. François fait le ménage.
5. Les enfants arrivent en retard.
6. Anne et Marie rentrent de la piscine.
7. Carole choisit un cadeau pour son amie.
8. Georges monte au quatrième étage.
9. Nous vendons notre maison.
10. Tu assistes à une course de moto-cross.

G alors?

1. Il n'est pas allé à **Montréal.**
   ▶ **Alors, où est-il allé?**
2. Elle n'est pas montée **en ascenseur.**
3. Je ne suis pas venu **en taxi.**
4. Ils ne sont pas descendus avec **Paul.**
5. Nous ne sommes pas allés à **Vancouver.**
6. Jacqueline n'est pas arrivée à **8 h 00.**
7. M. Dumont n'est pas parti **en ville.**
8. Elle n'est pas sortie avec **Georges.**
9. Mes parents ne sont pas rentrés à **midi.**
10. Je ne suis pas resté **chez Lise.**

H au contraire!

1. Bernard / arriver en retard
   ▶ **Bernard n'est pas arrivé en retard.**
2. nous / partir de bonne heure
3. Jacqueline / aller faire les achats
4. mon frère / sortir avec Linda
5. tu / venir en autobus
6. mes amis / retourner au stade
7. Michel / tomber de sa bicyclette
8. vous / descendre en ville
9. sa grand-mère / rester au lit
10. son frère / devenir malade

I quelle journée!

1. je / partir / à 4 h 00
   ▶ **Je suis parti(e) à 4 h 00.**
2. je / arriver / chez Jean
3. nous / aller / au parc
4. Jean / rentrer / dans un arbre
5. il / tomber / de sa bicyclette
6. nous / arriver / à l'hôpital
7. nous / rentrer / chez moi
8. je / aller / au match de hockey

J le va-et-vient

A – Alors, qu'est-ce que tu as fait samedi?
B – Je suis **allé au cinéma**.
A – Tu es **resté en ville** après?
B – Non, je suis **rentré tout de suite**.

1. aller au centre d'achats
   aller au restaurant
   retourner à la maison

2. aller aux matchs de base-ball
   rester pour le deuxième match
   partir après la première partie

3. aller faire une promenade
   monter au parc
   rentrer pour le dîner

4. aller chez mon cousin
   rentrer chez toi
   rester chez lui

K ne soyez pas nerveux!

A – Quand avez-vous quitté le Canada?
B – Je suis parti **le 15 février**.
A – Où êtes-vous allé?
B – Je suis allé **en Italie**.
A – Qu'est-ce que vous avez acheté?
B – **Des souliers**.

1. le 28 juin
   en Floride
   un kilo d'oranges

2. le 21 juillet
   en France
   une bouteille de champagne

3. le 30 juin
   en Californie
   une planche à surfing

4. le 1er février
   en Finlande
   des skis

un drôle de mystère

Mon copain Grégoire adore l'aventure. Il aime explorer les grottes. Un jour, il a annoncé: «Écoute, Philippe! J'ai trouvé quelque chose d'extraordinaire! Tu veux voir? Viens avec moi samedi!» J'ai demandé: «Mais qu'est-ce que c'est?» Il a répondu: «Ah, non! Ça, c'est un secret!»

Alors, samedi, nous sommes partis ensemble. En route, j'ai demandé: «Alors, qu'est-ce que c'est que ce mystère?» Grégoire a répondu: «Attends! Tu vas voir!»

Finalement, nous sommes arrivés à une grotte. Grégoire est entré le premier. D'abord, une longue pente... Nous sommes descendus rapidement... Trop rapidement, parce que moi, je suis tombé! Ouf! Tout à coup, j'ai remarqué devant moi un énorme squelette blanc! «Grégoire, j'ai trouvé ton mystère!» Il a répondu: «Non, non! C'est juste le squelette d'un animal préhistorique! Continuons!»

Dix minutes après, Grégoire a crié: «Saute!» Mais trop tard, parce que – plouf! – je suis tombé dans l'eau... De l'eau glacée! J'ai appelé: «Grégoire! Je suis tombé dans ton mystère!» Il a répondu avec impatience: «Cette rivière sous-terraine? Bah! C'est pas ça! Viens vite! Continuons!»

Un peu plus loin, nous sommes entrés dans une énorme caverne. À ce moment-là, un autre choc! Quelle horreur! Des milliers d'ailes autour de moi! «Grégoire! C'est pas drôle, ton mystère!» «Tu es fou? Des chauve-souris? C'est pas un mystère, ça! Vite! On est presque là!»

Nous sommes montés pendant de longues minutes. Enfin, Grégoire a crié: «Regarde! À droite! La lumière!» Moi, j'ai demandé: «Oui, et alors?» «Eh bien, imbécile, c'est une autre sortie! J'ai trouvé une autre sortie! C'est formidable, non?»

petit vocabulaire

autour de	around
une chauve-souris	bat
crier	to shout
drôle	funny, amusing
l'eau (f.)	water
en route	on the way
glacé	ice-cold
une grotte	cave
la lumière	light
des milliers d'ailes	thousands of wings
on est	we are
presque	almost, nearly
une sortie	exit
sous-terrain	underground
un squelette	skeleton
voir	to see

trouve un synonyme de...

1. un ami
2. aimer beaucoup
3. fantastique
4. très grand
5. comique
6. un idiot
7. enfin

trouve le contraire de...

1. la patience
2. sans
3. seul
4. le dernier
5. sortir
6. lentement
7. derrière
8. une entrée
9. monter

vrai ou faux?

1. Grégoire déteste l'aventure.
2. Samedi, les garçons sont partis ensemble.
3. Grégoire est entré dans la grotte le dernier.
4. Philippe aime les chauve-souris.
5. Après quelques minutes dans la grande caverne, les garçons ont remarqué une lumière.

questions

1. Qu'est-ce que Grégoire aime explorer?
2. Qu'est-ce que Philippe a remarqué dans la grotte?
3. Dix minutes plus tard, où est-ce qu'il est tombé?
4. Un peu plus loin, où est-ce que les deux garçons sont entrés?
5. Quel est le mystère de Grégoire?

quiz

1. Un exemple d'un animal préhistorique est...
   A un chien   B un dinosaure   C un professeur
2. Souvent, dans les cavernes sous-terraines, on trouve...
   A des laveurs de vitres   B de la pluie
   C des stalagmites
3. On joue au base-ball avec...
   A des chauve-souris   B une balle
   C un squelette
4. Pourquoi est-ce qu'un avion est comme une chauve-souris?
   A Ils n'aiment pas la lumière.
   B Ils ont des ailes et un radar.
   C Ils mangent des insectes.

la langue vivante

Dans la langue parlée, tu vas souvent entendre des expressions qui sont familières:

la langue parlée	la langue écrite
c'est pas ⟶	ce n'est pas
'y a ⟶	il y a
'y a pas ⟶	il n'y a pas
on est ⟶	nous sommes

bon voyage!

A l'hôtel Beauséjour

Client	Arrivée	Départ
Les Dupont	19 juillet	26 juillet
Les Lavoie	5 juillet	26 juillet
M. Côté	12 juillet	26 juillet
Mme Tremblay	22 juillet	26 juillet
Les Leclerc	19 juillet	26 juillet
Les Bouchard	18 juillet	26 juillet
Les Trottier	26 juin	26 juillet

Tu es réceptionniste à l'hôtel Beauséjour. Réponds aux questions d'un copain qui joue le rôle du gérant.

- Quand est-ce que **les Dupont** sont arrivés?
- Ils ont choisi quelle sorte de chambre?
- Combien de temps sont-ils restés?
- Combien ont-ils payé?

Tarifs

Chambre à lit double: $60 / jour
(vue sur l'océan)

Chambre à 2 lits: $65 / jour
(vue sur l'océan)

Chambre à lit double: $50 / jour
(vue sur la cour)

Chambre à 2 lits: $55 / jour
(vue sur la cour)

Chambre à un lit: $45 / jour
(vue sur l'océan)

Chambre à un lit: $40 / jour
(vue sur la cour)

B au camp de vacances

EMPLOI DU TEMPS

GROUPE A	GROUPE B	GROUPE C
8 h 00 petit déjeuner	8 h 00 petit déjeuner	8 h 00 petit déjeuner
9 h 00 promenade à pied	9 h 00 visite du village en autobus	9 h 00 promenade à bicyclette
10 h 30 arrivée au lac Caché	10 h 30 visite du musée historique	10 h 30 visite des chutes Iroquoises
12 h 00 pique-nique près du lac	12 h 00 déjeuner au restaurant	12 h 00 barbecue près des chutes
2 h 00 ski nautique sur le lac	«Coureur de bois»	2 h 00 course au trésor dans la forêt
3 h 30 rentrée à pied	2 h 00 cinéma	3 h 30 partie de volley-ball
5 h 00 retour au camp	3 h 30 départ de l'autobus	5 h 00 rentrée
6 h 00 dîner	5 h 00 arrivée au camp	6 h 00 dîner
	6 h 00 dîner	

1. Marcel Lapointe a fait partie du Groupe A. Il écrit une lettre à ses parents pour raconter sa journée. Qu'est-ce qu'il va dire?
2. Anne Larose a fait partie du Groupe B. Qu'est-ce qu'elle a fait aujourd'hui?
3. Lise et Chantal Gagnon ont fait partie du Groupe C. Elles racontent leur journée à un ami. Qu'est-ce qu'elles vont dire?
4. Tu as aussi fait partie d'un de ces groupes! Qu'est-ce que tu as fait?

C les inventions

Thomas Edison a inventé l'ampoule électrique en mil huit cent soixante-dix-huit. Peux-tu compléter la liste suivante?

l'invention	l'inventeur	la nationalité	l'année
1. la bicyclette	?	écossais	1839
2. ?	les frères Wright	américains	1905
3. la batterie électrique	?	italien	1800
4. la machine à calculer	?	?	1823
5. ?	Gabriel Lippman	?	1891
6. le moteur Diesel	?	allemand	1892
7. ?	Alexander G. Bell	canadien	1876
8. ?	Samuel Morse	?	1844
9. le parachute	?	?	1783
10. la dynamite	?	suédois	1868
11. la guillotine	?	?	1789
12. la motoneige	?	?	1936

petit vocabulaire

allemand	German	**écossais**	Scottish	**suédois**	Swedish
une ampoule	electric light	**faire un barbecue**	to have a barbecue	**suisse**	Swiss
électrique	bulb	**faire un pique-nique**	to have a picnic	**le ski nautique**	water-skiing
les chutes (*f.*)	falls	**une motoneige**	snowmobile		

D au service des urgences

Tu es secrétaire au service des urgences de l'hôpital St-André. Tu dois remplir une fiche pour toutes les personnes qui sont arrivées. Tu as posé les questions suivantes à chaque personne. Comment est-ce qu'elles ont répondu? Jouez les rôles!

1. Quel est votre nom?
2. Quel âge avez-vous?
3. Quelle est votre adresse?
4. Quelle est votre profession?
5. Quel est votre numéro d'assurance-maladie?
6. Qui est votre médecin de famille?
7. Êtes-vous allergique à la pénicilline?
8. Pourquoi êtes-vous ici?

NOM	ÂGE	ADRESSE	PROFESSION	ALLERGIE PÉNICILLINE	NUMÉRO D'ASSURANCE-MALADIE	MÉDECIN DE FAMILLE	RAISON DE LA VISITE
Serge Sangfroid	42	12, rue Martin	docteur	non	12-131-236	Dr Dubé	est tombé de sa planche à roulettes!
Philippe Loblot	51	237, rue Racine	facteur	non	27-842-650	Dr Souche	a une jambe de cassée
Robert Chaput	22	81, rue Lamartine	skieur professionnel	oui	96-774-342	Dr Dubois	est rentré dans un arbre!
Louise Tremblay	29	1614, av. Champlain	secrétaire	non	71-322-108	Dr Gratin	est tombé de sa moto
Denise Dulac	trente-quatre 34	2, boul. Fontaine	actrice	non	six cent quinze 10-615-284	Dr Cormier	a un bras de cassé
Chantal Moutet	trente un 31	3740, av. St-Denis	professeur	oui	46-729-463	Dr Laporte	son auto est rentrée dans un arbre

petit vocabulaire

un numéro d'assurance-maladie   health insurance number
remplir une fiche   to fill out a form, card

ton horoscope

Bélier ♈
(22 mars – 20 avril)
Qualités: heureux, optimiste, énergique
Défauts: vous ne finissez pas toujours ce que vous commencez

Poissons ♓
(20 février – 21 mars)
Qualités: timide, mystérieux
Défauts: souvent dans la lune

Taureau ♉
(21 avril – 21 mai)
Qualités: déterminé, très pratique
Défauts: pas sensible

Verseau ♒
(21 janvier – 19 février)
Qualités: romantique, poétique, intelligent
Défauts: pas réaliste

Gémeaux ♊
(22 mai – 21 juin)
Qualités: beaucoup de talents, créateur
Défauts: impatient

Capricorne ♑
(23 décembre – 20 janvier)
Qualités: organisé, dynamique
Défauts: superficiel

Cancer ♋
(22 juin – 23 juillet)
Qualités: sérieux, loyal
Défauts: pas aventureux

Sagittaire ♐
(23 novembre – 22 décembre)
Qualités: chanceux, honnête
Défauts: intolérant

Lion ♌
(24 juillet – 23 août)
Qualités: intelligent, ambitieux
Défauts: dominateur

Scorpion ♏
(24 octobre – 22 novembre)
Qualités: enthousiaste, démonstratif
Défauts: trop impulsif

Vierge ♍
(24 août – 23 septembre)
Qualités: sensible, vous cherchez la perfection
Défauts: influençable

Balance ♎
(24 septembre – 23 octobre)
Qualités: organisé, loyal, sympathique
Défauts: nerveux

questions

. Quand es-tu né?

. Tu es quel signe?

. Quelles sont tes qualités?

. Quels sont tes défauts?

. Quand est-ce que ton meilleur ou ta meilleure ami(e) est né(e)?

. Quelles sont ses qualités?

. Quels sont ses défauts?

dis donc!

A – Dis donc, c'est quand, ton anniversaire?

B – **Le 15 mars.** Et toi, tu es né quand?

A – **Le 17 août.**

B – Tu es quel signe?

A – **Lion.**

B – Oh, tu sais, les Lions sont dominateurs!

A – Mais nous sommes aussi très intelligents!

B – Moi, c'est **Poissons**! Les Poissons sont mystérieux!

A – Mais vous êtes dans la lune aussi!

petit vocabulaire

e que	what	**être né**	to be born
hanceux(-euse)	lucky	**heureux(-euse)**	happy
n défaut	fault	**honnête**	honest
		influençable	easily influenced
		meilleur	best
		sensible	sensitive

je me souviens!

la préposition à

Je parle à Jean. *name*
Je parle à mon prof. *adjective*
Je parle **au** docteur. *m.*
Je parle à **la** secrétaire. *F*
Je parle à l'infirmière. *F*
Je parle **aux** enfants. *MP.*

à + le → au
à + les → aux

fais des phrases!

1. As-tu réfléchi à la **question**?
   (problème, idée, ma suggestion)
2. Téléphone au **dentiste**!
   (conseiller, Jacques, tes parents)
3. Demain, nous allons au **cinéma**.
   (hôpital, Montréal, une course de moto-cross)
4. Nous devons penser à l'**avenir**.
   (ce problème, vacances d'été, anniversaire de Guy)
5. Éric a donné des fleurs à **sa mère**.
   (secrétaire, professeur, Gisèle)
6. Je n'ai pas répondu aux **questions**.
   (sa lettre, téléphone, porte)
7. N'as-tu pas montré ton bulletin à **maman**?
   (tes parents, conseiller, directrice)
8. Demande à **Henri**!
   (infirmière, médecin, voisins)
9. Le pilote parle à l'**hôtesse**.
   (co-pilote, passagers, capitaine)
10. Dis à **maman** que je vais arriver tard.
    (docteur, conseillère, Marcel)

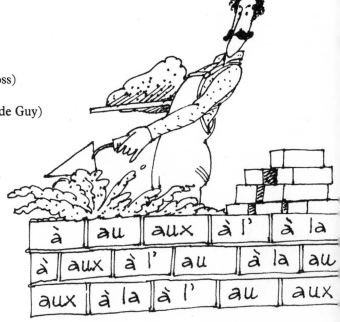

à	au	aux	à l'	à la
aux	à l'	au	à la	au
aux	à la	à l'	au	aux

os Spécialités

HOT DOG 5,00

ASSIETTE ANGLAISE 9,00

SANDWICHS VARIÉS 3,00

LORRAINE 3,50

JAMBON CRU 5,00

SAUCISSES 5,00

OEUF AU PLAT 4,00 / 6,00

PATISSERIES 3,80

Glaces
Parfums du Jour
Vanille
Noisette
Café

Fraise
Citron

Pistache

7

language the direct object pronouns le, la, l' and les

communication ordering food in a restaurant

situation at a fast-food restaurant

BIG MAC   BIG MAC CAFÉ et FRITES   MACBURGER CHEESEBURGER   Le REPAS ÉCONOMIQUE   FILET de POISSON   BEIGNET aux POMMES et CAFÉ   BIG MAC

au restaurant

Après le match de basket-ball, Paul invite ses copains Richard et Chantal au restaurant « Le Casse-Croûte ». Les voici devant le comptoir...

CHANTAL – Regardez! Quel choix!

PAUL – Attention! N'oubliez pas que j'ai seulement dix dollars!

EMPLOYÉ – Vous désirez?

RICHARD – Qu'est-ce que tu prends, Chantal?

CHANTAL – Je n'ai pas encore décidé.

RICHARD – Eh bien, moi, je vais prendre un hamburger.

EMPLOYÉ – Vous le désirez avec ou sans frites?

RICHARD – Avec des frites, s'il vous plaît!

EMPLOYÉ – Bon!... Vous êtes prête à commander, mademoiselle?

CHANTAL – Pas encore. Vas-y, Paul!

PAUL – Qu'est-ce qu'il y a dans le sandwich sous-marin?

EMPLOYÉ – Trois sortes de viande, du fromage, des tomates et de l'oignon.

PAUL – Alors, je prends le sandwich sous-marin, s'il vous plaît. Mais sans oignons! Je ne les aime pas.

EMPLOYÉ – Très bien. Et avec ça, quelque chose à boire?

PAUL – Un root beer, s'il vous plaît.

EMPLOYÉ – Un petit ou un grand?

PAUL – Un grand, s'il vous plaît.

CHANTAL – Moi, j'ai décidé! Je veux le poulet rôti, une tranche de pizza et un lait frappé à la vanille, s'il vous plaît. Tiens! Qu'est-ce que vous avez comme dessert?

EMPLOYÉ – Du gâteau, des glaces à la vanille et au chocolat et une tarte aux pommes qui est vraiment délicieuse.

CHANTAL – La tarte aux pommes, s'il vous plaît. J'adore ça!

RICHARD – Quel appétit!

PAUL – Ça va coûter une fortune, tout ça!

EMPLOYÉ – C'est à manger ici ou à emporter?

PAUL – À manger ici.

RICHARD – Puis-je avoir du vinaigre, s'il vous plaît?

EMPLOYÉ – Le vinaigre, le sel, le ketchup et la moutarde, vous les trouvez sur les tables.

CHANTAL – Merci beaucoup, monsieur.

PAUL – (*nerveux*) C'est combien, s'il vous plaît?

EMPLOYÉ – Ça fait $9.95.

PAUL – Ouf! Cette Chantal! C'est la dernière fois que je l'invite!

...abulaire

...n

un ...ptoir	counter
le fromage	cheese
un lait frappé	milkshake
un oignon	onion
le poulet rôti	roast chicken
un sandwich sous-marin	submarine sandwich
le sel	salt
le vinaigre	vinegar

féminin

une boisson	drink
les frites	French fries
la moutarde	mustard
une tarte	pie
une tranche	slice
la viande	meat

pronoms

la, l'	her, it
le, l'	him, it
les	them
quelque chose	something

verbes

commander	to order (a meal)
emporter	to take out

adjectif

délicieux(-euse)	delicious

adverbe

seulement	only

expressions

à manger ici ou à emporter	to eat here or take out
ça fait	that costs
être prêt (à)	to be ready (to)
quelque chose à boire	something to drink
tout(e) garni(e)	with the works
vous désirez?	may I help you?

les mots-amis

un cheeseburger	un employé	une salade
le chocolat	une fortune	une sorte
décider	un hamburger	une table
un dessert	le ketchup	une tomate
		la vanille

as-tu compris?

1. Où est-ce que les trois amis vont après le match de basket-ball?
2. Paul a combien d'argent?
3. Qu'est-ce que Richard prend?
4. Quelle sorte de sandwich est-ce que Paul commande?
5. Qu'y a-t-il dans ce sandwich, d'habitude?
6. Pourquoi est-ce que Paul ne veut pas d'oignons?
7. Qu'est-ce que Paul prend à boire?
8. Qu'est-ce que Chantal commande?
9. Où est-ce que les amis vont prendre leur repas?
10. Qu'est-ce que Richard veut pour ses frites?
11. Où sont le vinaigre, le sel, le ketchup et la moutarde?
12. Combien coûtent les repas?
13. Pourquoi est-ce que c'est la dernière fois que Paul va inviter Chantal?

entre nous

1. Quel est ton restaurant favori? Pourquoi?
2. Pourquoi est-ce que les jeunes aiment manger dans des restaurants comme « Le Casse-Croûte »?
3. Que prends-tu quand tu manges dans cette sorte de restaurant?
4. D'habitude, où prends-tu ton déjeuner?
5. Qu'est-ce que tu aimes sur les frites? sur les pizzas? sur les hamburgers? dans les sandwichs sous-marin?
6. D'habitude, quand tu commandes quelque chose dans un restaurant, est-ce que tu l'emportes ou est-ce que tu le manges là?
7. Quel est le nom de ta pizzeria favorite?

saviez-vous?

Au Canada, **le petit déjeuner, le déjeuner** et **le dîner** s'appellent souvent **le déjeuner, le dîner** et **le souper**.

observations

les pronoms objets directs

– Tu prends **le gâteau?**	– Tu prends **le gâteau?**
– Oui, je prends **le gâteau**.	– Oui, je **le** prends.
– Où est **mon stylo?**	– Où est **mon stylo?**
– Voici **ton stylo**.	– **Le** voici.

Quand tu ne veux pas répéter l'objet direct, utilise le pronom
le, la, l' ou **les**.

exemples

– Veux-tu **le sel?**	– Tu prends **ta guitare?**
– Oui, je **le** veux.	– Non, je ne **la** prends pas.
– Comment trouves-tu **la glace?**	– Tu achètes **ces vêtements?**
– Je **la** trouve délicieuse.	– Pas question! Je ne **les** aime pas!
– Aimes-tu **le film?**	– Où est **Charles?**
– Oui, je **l'**aime.	– **Le** voici.
– Tu invites **Charlotte?**	– Où est **ta moto?**
– Non, je ne **l'**invite pas.	– **La** voilà derrière le garage.
– À qui montres-tu **ton disque?**	– Où sont **les billets?**
– Je **le** montre à Lise.	– **Les** voici sur la table.

à l'affirmative	à la négative	l'inversion
le	le	le
sujet + la + **verbe**	sujet + **ne** + la + **verbe** + **pas**	la + **verbe** + **sujet**
l'	l'	l'
les	les	les

---

devant une voyelle: $\begin{array}{c} \text{le} \\ \text{la} \end{array} \rightarrow \text{l'}$

as-tu remarqué?

dernier + noun = last, final   noun + **dernier** = last, most recent

1. Décembre est le … de l'année. (mois)
   ▶ **Décembre est le dernier mois de l'année.**
2. Le … nous avons voyagé à Montréal. (printemps)
   ▶ **Le printemps dernier nous avons voyagé à Montréal.**
3. J'ai gardé ce petit garçon pour la … ! (fois) Il est trop pénible!
4. Maman! Henri a mangé le … ! (biscuit)
5. Mes parents ont visité la tour CN le …. (mois)
6. Le … pour Ottawa est déjà parti. (train) Je dois attendre à demain.
7. La … nous sommes allés à la course de bicyclettes. (semaine)
8. C'est la … que je vais à ce restaurant! (fois)

la langue vivante

En français, pour préciser les ingrédients, utilise la préposition **à** et l'article défini:

un sandwich **au** fromage   une glace **à la** vanille   la soupe **à l'**oignon   une tarte **aux** pommes

on y va!

A je sais les pronoms objets directs!

Remplace les mots indiqués par **le, la, l'** ou **les**.

1. Comment trouves-tu **le repas**?
   ▶ **Comment le trouves-tu?**
2. Voilà **ta bicyclette**.
3. Il cherche **ses billets**.
4. J'aime beaucoup **ce sandwich sous-marin**.
5. Voici **les amis de Claire**.
6. J'ai **le livre de Richard**.
7. Je n'invite pas **sa soeur**.
8. Voici **ton argent**.
9. Est-ce que tu écoutes **la radio**?
10. Il ne finit jamais **son travail**.
11. Comment prends-tu **ton café**?
12. Est-ce qu'il attend **l'autobus**?

B je sais à et l'article défini!

1. gâteau / chocolat ▶ **un gâteau au chocolat**
2. sandwich / fromage
3. glace / vanille
4. soupe / oignon
5. salade / tomates
6. tarte / pommes
7. glace / banane
8. du lait / chocolat

C quel bon repas!

A – Comment trouvez-vous **le rosbif**?
B – Je **le** trouve délicieux!

1. le fromage
2. la salade
3. le sandwich sous-marin
4. le gâteau
5. la glace
6. les frites
7. la tarte
8. les hamburgers
9. le dîner
10. les desserts

D tu l'aimes?

A – Que penses-tu de **la pièce**?
B – Je **la** trouve **ennuyeuse**.

1. ta planche à roulettes / formidable
2. tes nouvelles lunettes / épaisses
3. ce disque / excellent
4. ton conseiller / aimable
5. ces vêtements / jolis
6. cette histoire / intéressante
7. leur nouvelle maison / grande
8. les acteurs / nerveux
9. la course / difficile
10. son petit frère / pénible

E objets perdus

A – Où est **mon livre**?
B – **Le** voici.

1. la lettre de papa
2. les billets
3. ma guitare
4. ton bulletin
5. le lait
6. le chat
7. mon argent
8. les pommes
9. mes souliers
10. Marie

F à la cafétéria

A – Quelle **soupe** préfères-tu?
B – Je préfère la soupe aux **tomates**.

1. sandwich / poulet
2. gâteau / fromage
3. glace / vanille
4. soupe / oignon
5. tarte / pommes
6. biscuits / chocolat

G à la négative

1. Je les aime. ▶ **Je ne les aime pas.**
2. Nous les attendons.
3. Ils le commandent.
4. Je la prends.
5. Marc l'invite.
6. Vous les achetez.
7. Elle l'adore.
8. Tu le préfères.

H pourquoi donc!

Pose des questions avec **pourquoi** et le pronom objet direct **le, la, l'** ou **les**.

1. Je cherche le sel.
   ▶ **Pourquoi le cherches-tu?**
2. Il préfère la voiture verte.
3. Nous achetons le livre français.
4. Ils veulent les billets.
5. Elles font leurs devoirs.
6. Elle choisit le chandail bleu.
7. Nous attendons notre copain.
8. Je commande toujours le poulet rôti.

I mais pourquoi?

1. Pourquoi aimes-tu le moto-cross? (sensass)
   ▶ **Je l'aime parce que je le trouve sensass!**
2. Pourquoi est-ce que tu invites Chantal? (sympa)
3. Pourquoi regardes-tu cette émission? (intéressante)
4. Pourquoi est-ce que tu étudies ces matières? (importantes)
5. Pourquoi est-ce que tu choisis le chandail bleu? (beau)
6. Pourquoi prends-tu le poulet rôti? (délicieux)
7. Pourquoi est-ce que tu détestes la cousine de Paul? (pénible)
8. Pourquoi aimes-tu Richard? (intelligent)

9. Pourquoi commandes-tu toujours la soupe à l'oignon? (formidable)
10. Pourquoi est-ce que tu détestes ce sport? (violent)
11. Pourquoi est-ce que tu visites toujours cette ville? (belle)
12. Pourquoi achètes-tu ce disque? (extra)

J le coin des opinions

Je l'adore.

Je l'aime beaucoup.

Je l'aime.

Je l'aime assez.

Je ne l'aime pas.

Je le déteste.

Comment trouves-tu **le hockey**?
les sports violents? le chocolat? les cheeseburgers?
la pizza? les salades? le moto-cross? les petits enfants?
la musique classique? le ski? l'argent? les vacances?
la musique rock? la neige? la pluie? l'été? l'hiver?
les oignons? les visites chez le dentiste? le tennis?
les surprises? le billard? les planches à roulettes?
les chiens? les desserts? les frites? les jeans?
les voitures de sport? le fromage?

K vous désirez?

A – Vous désirez?
B – **Le rosbif**, s'il vous plaît.
A – Avec des **pommes de terre**?
B – Non, merci. Je ne les aime pas.
A – **Une petite salade**, alors?
B – Ah oui! Merci beaucoup.

1. deux cheeseburgers
   ketchup
   de la moutarde

2. le sandwich sous-marin
   tomates
   du fromage

3. le poulet
   frites
   une salade verte

4. la pizza
   oignons
   des tomates

L cherche donc!

A – Où sont **les billets**?
B – Je ne sais pas!
A – Tu n'as pas cherché?
B – Si! Mais je ne les trouve pas!
A – Imbécile! Les voici **sur ton lit**!

1. tes lunettes
   sur la table

2. ta guitare
   derrière la porte

3. ma nouvelle veste
   dans ta chambre

4. l'argent
   sur le comptoir

les langues romanes

Le français, l'italien, l'espagnol et le portugais sont membres de la
famille romane. L'origine de ces langues, c'est le latin, la langue des
Romains. Naturellement, ces langues ont beaucoup de similarités.
Complète la liste des équivalents français!

latin	italien	espagnol	portugais	français
unus	uno	uno	um	un
bonus	buono	bueno	bom	bon
lac	latte	leche	laite	lait
actor	attore	actor	ator	?
historia	storia	historia	história	?
fortis	forte	fuerte	forte	?
numerus	numero	número	número	?
vox	voce	voz	voz	?
theatrum	teatro	teatro	teatro	?
adventura	avventura	aventura	aventura	?
promissa	promessa	promesa	promessa	?
sal	sale	sal	sal	?
hospitalis	ospedale	hospital	hospital	?

LA NORVÈGE

LA SUÈDE

LA FINLANDE

L'IRLANDE

LE DANEMARK

L'UNION SOVIÉTIQUE

LA GRANDE-BRETAGNE

LES PAYS-BAS

L'ALLEMAGNE DE L'EST

LA POLOGNE

LA BELGIQUE

LE LUXEMBOURG

L'ALLEMAGNE DE L'OUEST

LA TCHÉCOSLOVAQUIE

L'AUTRICHE

LA FRANCE

LA SUISSE

LE LIECHTENSTEIN

LA HONGRIE

LA ROUMANIE

L'ITALIE

LA YOUGOSLAVIE

LE PORTUGAL

L'ESPAGNE

LA BULGARIE

L'ALBANIE

LA GRÈCE

N O E S

la guerre des cuisines

Bienvenue, étudiants-chefs!

Alors, mes jeunes amis, vous voulez devenir chefs de cuisine? Vous avez du courage!

Moi, Louis Lautrec, j'ai passé trente-cinq ans comme chef de cuisine chez Maxim's à Paris. Pendant ces années, j'ai inventé des plats sensationnels! Vous connaissez sans doute les escargots Lautrec? Ça, c'est moi! Et le canard Lautrec, c'est moi aussi! Et, évidemment, le célèbre gâteau Lautrec, c'est encore moi!

Mais, mes amis, le monde a beaucoup changé! Imaginez-vous qu'il y a des Français qui refusent de passer deux ou trois heures à table!... qui ont oublié nos belles traditions! Aujourd'hui, tout le monde est trop pressé!

Dans les snack-bars, les Français commandent des sandwichs et des hamburgers. On oublie les grands chefs de cuisine – les grands artistes de France!

On boit du cola, on mange dans des assiettes en plastique... on met du ketchup sur tout!! C'est barbare, non? Qu'est-ce qui est arrivé à l'art de la cuisine et à l'art de manger?

Mais, mes amis, ne soyez pas découragés. La bataille continue et l'ennemi, c'est le «fast-food». La France compte sur vous!

Zut! Il est déjà une heure! J'ai parlé trop longtemps! Messieurs, vous avez quinze minutes pour le lunch!

vrai ou faux?

1. Selon Louis Lautrec, les étudiants-chefs sont très timides.
2. Selon Lautrec, il y a des Français qui ont oublié les belles traditions de la cuisine.
3. Pour Lautrec, un grand chef de cuisine est un artiste.
4. Louis Lautrec adore le ketchup.
5. Les étudiants ont deux heures pour le lunch.

questions

1. Qu'est-ce que les étudiants veulent devenir?
2. Où est-ce que M. Lautrec a travaillé?
3. Nommez trois plats inventés par M. Lautrec.
4. Pourquoi est-il fâché?
5. Pourquoi est-ce que les étudiants ont seulement quinze minutes pour le lunch?

petit vocabulaire

une assiette	plate
barbare	barbaric
une bataille	battle
un canard	duck
compter sur	to count on
connaissez (connaître)	know
découragé	discouraged
un escargot	snail
évidemment	of course, obviously
la guerre	war
messieurs	gentlemen
le monde	world
on boit (boire)	people drink, they drink
on met (mettre)	people put, they put
un plat	dish

quiz

1. Un exemple typique du «fast-food», c'est:
   A les escargots   B le canard pressé   C le hot-dog
2. Pour passer deux ou trois heures à table, on doit:
   A beaucoup boire   B être fou   C manger lentement
3. À ton avis, qui est le plus grand artiste?
   A Louis Lautrec   B Henri de Toulouse-Lautrec
   C Ronald McDonald
4. Une des grandes batailles de Napoléon s'appelle:
   A la bataille des plaines d'Abraham
   B la bataille des escargots
   C la bataille de Waterloo
5. Qui a inventé le sandwich?
   A les Chinois   B Louis Lautrec   C Lord Sandwich

la langue vivante

Le mot **on** est très utile:

   on = we, they, one, people, you

On utilise la même forme du verbe qu'avec les pronoms **il** ou **elle**:

   On parle français à Montréal.

fais des phrases!

1. Alors, on (aller) au cinéma sans moi?
2. Guy et moi, on (être) de bons copains.
3. Aujourd'hui, on (manger) trop vite!
4. On (boire) beaucoup de vin en France.
5. On (devoir) réfléchir avant de parler.
6. Alors, on (être) prêt à partir?

l'explosion des mots!

un verre

une tasse

une soucoupe

une cuiller

un couteau

une serviette

une fourchette

une nappe

une assiette

savoir-dire

les formes plurielles
   monsieur → messieurs
   madame → mesdames
   mademoiselle → mesdemoiselles

bon voyage!

A c'est ton choix!

Étudie le menu. Choisis quelque chose dans chaque catégorie, puis donne ta commande au garçon de table. Avec un partenaire, jouez les rôles du client et du garçon de table.

RESTAURANT «BON APPÉTIT»

HORS-D'OEUVRE
la salade verte
la soupe du jour
les escargots

ENTRÉES
les fruits de mer
le bifteck
le poulet rôti
le rosbif

LÉGUMES
les petits pois
les carottes

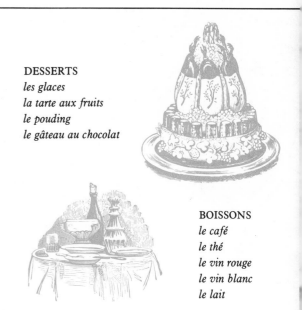

DESSERTS
les glaces
la tarte aux fruits
le pouding
le gâteau au chocolat

BOISSONS
le café
le thé
le vin rouge
le vin blanc
le lait

GARÇON – Bonsoir, monsieur / mademoiselle.
CLIENT – ...
GARÇON – Comment allez-vous ce soir?
CLIENT – ...
GARÇON – Voici un menu. Prenez votre temps.
CLIENT – ...

(Tu regardes le menu.)

GARÇON – Alors, vous avez décidé?
CLIENT – ...
GARÇON – Très bien. Est-ce que vous prenez un hors-d'oeuvre?

CLIENT – ...
GARÇON – Qu'est-ce que vous avez choisi comme entrée?
CLIENT – ...
GARÇON – Vous désirez un légume?
CLIENT – ...
GARÇON – Vous voulez quelque chose à boire?
CLIENT – ...
GARÇON – Vous prenez un dessert?
CLIENT – ...
GARÇON – Merci bien, monsieur / mademoiselle.

---

petit vocabulaire

une entrée	main course	**les fruits de mer** (m.)	seafood	**un légume**	vegetable
un escargot	snail	**un hors-d'oeuvre**	appetizer	**des petits pois**	peas

114

l'addition, s'il vous plaît!

Voici trois additions. Combien coûte chaque dîner? Ajoute un pourboire de 15% pour le service.

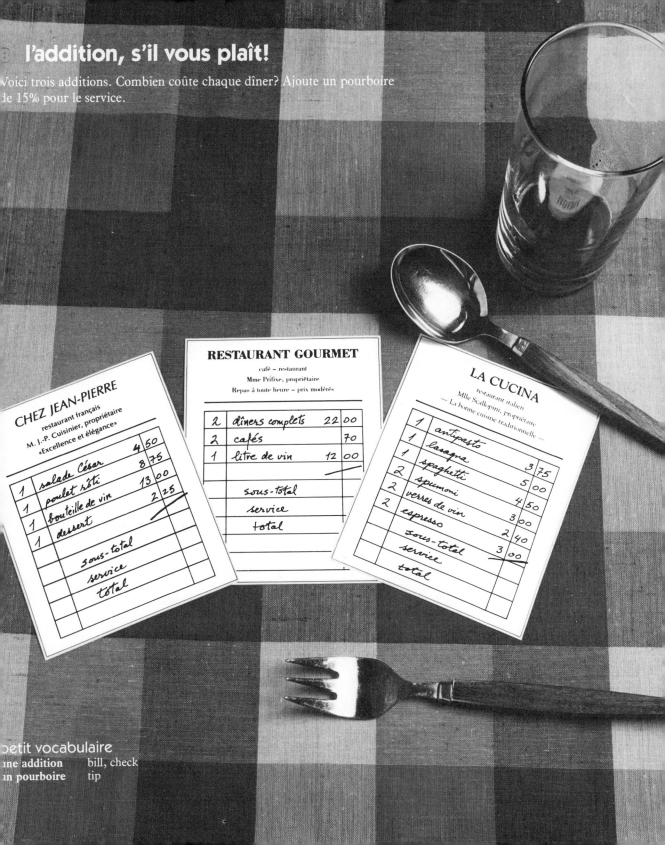

CHEZ JEAN-PIERRE
restaurant français
M. J.-P. Cuisinier, propriétaire
«Excellence et élégance»

1	salade César	4	50
1	poulet rôti	8	75
1	bouteille de vin	13	00
1	dessert	2	25
	sous-total		
	service		
	total		

RESTAURANT GOURMET
café – restaurant
Mme Prifixe, propriétaire
Repas à toute heure – prix modérés

2	dîners complets	22	00
2	cafés		70
1	litre de vin	12	00
	sous-total		
	service		
	total		

LA CUCINA
restaurant italien
Mlle Scallopini, propriétaire
— La bonne cuisine traditionnelle —

1	antipasto		
1	lasagna		
1	spaghetti	3	75
2	spumoni	5	00
2	verres de vin	4	50
2	espresso	3	00
		2	40
	sous-total	3	00
	service		
	total		

petit vocabulaire
une addition   bill, check
un pourboire   tip

c la pizzeria Italia

Téléphone et commande une pizza pour toi et tes amis. Fais cette
conversation téléphonique avec un partenaire.

PIZZERIA ITALIA

une personne
$3.00

2 personnes
$4.00

4 personnes
$6.00

6 personnes
$7.50

8 personnes
$9.00

fromage, pepperoni, champignons,
poivrons verts, bacon, jambon
anchois

Ajoutez 50¢ pour chaque ingrédient additionnel.

– Allô! Pizzeria Italia!
– Bonjour! Je veux commander une pizza, s'il vous plaît.
– Pour combien de personnes?
– Six personnes.
– Qu'est-ce que vous désirez sur la pizza?
– Du fromage, du pepperoni, des champignons et du bacon.
– Très bien.
– C'est combien, s'il vous plaît?
– Ça fait $9.50. Votre nom et adresse, s'il vous plaît.
– Anne Leclair, 59, avenue Rivard.
– Puis-je avoir votre numéro de téléphone?
– Oui, c'est le 995-5478.
– Merci beaucoup, mademoiselle.

petit vocabulaire

un anchois	anchovy
un champignon	mushroom
le jambon	ham
un poivron	pepper

les snacks

LES SNACKS ET TON RÉGIME
valeurs nutritives de certains snacks populaires

Snack	Quantité	Les Calories	La Protéine	Le Calcium	La Vitamine A	La Vitamine C
Pomme	1	70				✔
Carotte	1	20			✔	✔
Fromage cheddar	28 g	116	✔	✔	✔	
Tablette de chocolat	1	135				
Cola	250 ml	110				
Biscuits au chocolat	1	50				
Beigne	1	125				
Crème glacée	250 ml	255	✔	✔	✔	
Jus d'orange	200 ml	80				✔
Lait frappé	300 ml	376	✔	✔	✔	
Orange	1	65				✔
Tarte aux pommes	une portion	410				
Pizza toute garnie	une portion	315	✔	✔	✔	
Chips	10	115				
Frites	10	155				✔

quiz

1. Pourquoi y a-t-il des protéines dans une pizza?
2. Dans quels snacks trouves-tu de la vitamine C?
3. Pour du calcium, que dois-tu prendre?
4. Explique pourquoi il y a du calcium dans la crème glacée.
5. Quel est ton snack favori?
6. Quels snacks trouves-tu dans la cafétéria de ton école?
7. Combien de calories y a-t-il dans un sac de 60 chips?
8. Quel snack prends-tu quand tu regardes la télé?
9. Dans quel snack est-ce qu'il y a deux vitamines?
10. Dans quel snack y a-t-il des protéines, du calcium et de la vitamine A?
11. Pourquoi est-ce que les chips n'ont pas de valeur nutritive?
12. Est-ce que tu as besoin de changer ton régime? Pourquoi?

petit vocabulaire

un beigne	doughnut
la crème glacée	ice cream
nutritif(-ive)	nutritional
un régime	diet
une tablette	bar
la valeur	value

je me souviens!

les verbes irréguliers (*Grammaire*, page 191)

avoir	devoir	être	faire	prendre	vouloir
j'ai	je dois	je suis	je fais	je prends	je veux
tu as	tu dois	tu es	tu fais	tu prends	tu veux
il a	il doit	il est	il fait	il prend	il veut
elle a	elle doit	elle est	elle fait	elle prend	elle veut
nous avons	nous devons	nous sommes	nous faisons	nous prenons	nous voulons
vous avez	vous devez	vous êtes	vous faites	vous prenez	vous voulez
ils ont	ils doivent	ils sont	ils font	ils prennent	ils veulent
elles ont	elles doivent	elles sont	elles font	elles prennent	elles veulent

quel verbe? quelle forme?

1. ...-tu du sucre dans ton café?
2. Quelle heure ...-il?
3. Zut! Je ... recommencer!
4. Je ... devenir médecin.
5. Que ...-vous ce soir?
6. Il ... très beau aujourd'hui.
7. ...-tu patiner avec moi?
8. Ils ... beaucoup à faire.
9. Nous ... des leçons de guitare.
10. Où ... mes lunettes?
11. Ils ... du saut à skis.
12. Nous ... faim!
13. Vous ... partir déjà?
14. Quand ...-ils le train?
15. Tu ... bien aimable.
16. Que ...-vous pour votre anniversaire?
17. Il ... toujours de bonnes notes.
18. Il ... un bain.
19. Je ... désolé.
20. Ils ... rester après les classes.

que sais-je?

A les associations

Quelles idées vont ensemble?

1. **un parachute**
2. une ambulance
3. un infirmier
4. un hamburger
5. un root beer
6. des frites
7. un dessert
8. une table
9. un laveur de vitres
10. une course
11. un comptoir
12. un mari
13. une partie
14. un lait frappé
15. une fortune

le service des urgences
la vanille
le ketchup
une tarte
une fenêtre
une chaise
une femme
un avion
l'argent
une boisson
un hôpital
le billard
un magasin
le moto-cross
la viande

B où travaillent-ils?

1. une infirmière
   ▶ **Une infirmière travaille dans un hôpital.**

2. une conseillère
3. un garçon de table
4. un acteur
5. un professeur
6. une secrétaire
7. un médecin
8. un pilote

C viens ici!

Complète avec la forme correcte du verbe **venir** au présent.

1. Il ... de Timmins?
2. Pourquoi ...-vous en métro?
3. ... ici tout de suite, Jacques!
4. Nous ... à la party.
5. Ils ne ... jamais chez Pierre.
6. Elle ... le dix juin.
7. D'où ...-tu? Je ... de Cornwall.
8. Elles ne ... pas sans Marc.

D à toi de décider!

Choisis la bonne complétion pour chaque phrase et répète la phrase.

1. Quand j'ai faim, je vais (à l'hôpital, au restaurant, à une course).
2. Quand je saute d'un avion, je porte toujours (des lunettes, mon chandail bleu, un parachute).
3. Quand je suis malade, je prends rendez-vous chez (le médecin, le cascadeur, le conseiller).
4. Pour mon cheeseburger, je veux (du vinaigre, de la moutarde, du chocolat).
5. Sur ma pizza, je prends (du fromage, des jambes, des projets).
6. Le moto-cross est un sport (épais, délicieux, dangereux).
7. Une personne qui a beaucoup de courage est (gonflée, pressée, cassée).
8. Le billard est (une viande, un sport, un dessert).
9. Une glace est (une pente, un dessert, une boisson).
10. À la piscine, je plonge les dix (bras, comptoirs, mètres).

E le participe passé, s'il te plaît!

1. participer
   ▶ **participé**
2. choisir
3. perdre
4. faire
5. venir
6. attendre
7. sauter
8. réussir
9. commander
10. partir
11. répondre
12. finir
13. aller
14. sortir
15. changer
16. descendre

F le commencement et la fin

1. le concert / 8 h 00 / 10 h 30
   ▶ **Le concert a commencé à 8 h 00 et il a fini à 10 h 30.**
2. la course / 2 h 15 / 5 h 00
3. le repas / 6 h 00 / 7 h 30
4. les classes / 9 h 00 / 3 h 20
5. les matchs / 7 h 15 / 11 h 00
6. l'émission / 1 h 45 / 2 h 45

G le singulier et le pluriel

1. Tu es allé au cinéma?
   ▶ **Vous êtes allés au cinéma?**
2. Nous sommes allés en auto.
   ▶ **Je suis allé en auto.**
3. Elle est rentrée tard.
4. Je suis venu en avril.
5. Ils sont partis lundi.
6. Tu es resté après les classes?
7. Elles sont descendues en ville.
8. Je suis monté au deuxième étage.
9. Nous sommes arrivées hier.
10. Vous êtes venus en taxi?

H <u>avoir</u> ou <u>être</u>?

Choisis le bon verbe pour compléter les phrases.

1. Où …-ils restés?
2. Il … perdu ses lunettes.
3. Nous … commandé le poulet.
4. Quand …-ils voyagé ici?
5. Tu … assisté à la course?
6. Où …-elle allée?
7. Qui … tombé?
8. Tu … parti hier?
9. Qu'est-ce que tu … choisi comme dessert?
10. Elle … vendu sa moto.
11. Pourquoi …-ils sortis?
12. Vous … descendus trop rapidement!
13. Qu'est-ce qu'ils … fait?
14. Tout le monde … arrivé en métro.
15. Pourquoi …-tu acheté ce disque?

I mais si!

Pose des questions à la négative!

1. Mais si! Il a fait ses devoirs!
   ▶ **Il n'a pas fait ses devoirs?**
2. Mais si! Elle est allée à l'école.
3. Mais si! J'ai téléphoné à Marie!
4. Mais si! Il a répondu à la lettre!
5. Mais si! Nous avons fait le ménage!
6. Mais si! Ils sont venus en autobus!
7. Mais si! J'ai participé à la course!
8. Mais si! Je suis rentré pour le dîner!

J mais quand?

Pose des questions avec **quand**.

1. Marcel est tombé.
   ▶ **Mais quand est-il tombé?**
2. Lise a perdu la partie.
   ▶ **Mais quand a-t-elle perdu la partie?**
3. Tes amis sont partis.
4. J'ai fait de la planche à roulettes.
5. Nous avons fini le repas.
6. Paul et Lise sont venus à la party.
7. Son mari est allé à l'hôpital.
8. J'ai assisté à la course.
9. Tes frères ont perdu le match.
10. Ses parents sont retournés à Calgary.

K aujourd'hui, hier, demain

1. téléphoner à Marie / je
   ▶ **Je téléphone à Marie.**
   ▶ **J'ai téléphoné à Marie.**
   ▶ **Je vais téléphoner à Marie.**
2. choisir un bon livre / il
3. répondre à la porte / tu
4. rentrer tard / je
5. sortir avec Robert / elle
6. descendre au premier étage / vous
7. commencer notre dîner / nous
8. faire du saut à skis / ils
9. rester ici / elles
10. venir en retard / elle
11. répéter la pièce / tu

L comment?

Mets la phrase au passé composé. Attention à la position de l'adverbe!

1. Il parle trop. ▶ **Il a trop parlé.**
2. Il tombe encore.
3. Nous gagnons toujours.
4. Elle décide déjà.
5. Pierre rentre souvent en autobus.
6. Vous jouez bien.
7. Il sort beaucoup.
8. Ils mangent assez.

M les remplacements

Remplace les mots en caractères gras par **le**, **la**, **l'** ou **les**.

1. Il gagne **la partie de billard**. ▶ **Il la gagne.**
2. Tu commandes **la tarte aux pommes**?
3. Nous adorons **le moto-cross**.
4. Voici **l'ambulance**.
5. Qui joue **les rôles**?
6. Il change **ses vêtements**.
7. Il perd **l'équilibre**.
8. Voilà **le bureau de mon père**.
9. Vous n'aimez pas **les oignons**.
10. Je ne trouve pas **son numéro de téléphone**.
11. Je n'invite pas **sa soeur**.
12. Pourquoi emportes-tu **le repas**?

N le voici!

1. Voici l'autobus. (prendre)
   ▶ **Tu le prends?**
   Non, je ne le prends pas.
2. Voici ma nouvelle moto. (aimer)
3. Voici le manteau vert. (acheter)
4. Voici les repas. (emporter)
5. Voici ton bulletin. (vouloir)
6. Voici ta veste. (chercher)

O vous désirez?

Complète avec **au**, **à la**, **à l'** ou **aux**.

1. Je prends le sandwich ... fromage.
2. Maman prend la soupe ... oignon.
3. Est-ce que tu prends la tarte ... pommes?
4. Un lait frappé ... vanille, s'il vous plaît.
5. As-tu choisi le gâteau ... chocolat?
6. Je veux une glace ... banane.

P   je sais le passé composé!

Donne la forme correcte du verbe au passé composé.

1. (plonger) Qui ... les dix mètres?
   ► **Qui a plongé les dix mètres?**
2. (faire) Quand est-ce que tu ... du saut à skis?
3. (venir) Ma cousine ... ici en avion.
4. (réfléchir) Ils ... à leurs projets d'avenir.
5. (attendre) Nous ... l'autobus pendant une
   demi-heure.
6. (partir) Mes parents ... en vacances hier.
7. (rentrer) Le cascadeur ... dans un arbre.
8. (décider) Tu ... ?
9. (descendre) Vous ... en ascenseur?
10. (arriver) Qu'est-ce qui ... ?

8

language	the passé composé of certain irregular verbs the pronoun on
communication	explaining, apologizing
situation	being late

désolé, les gars!

C'est samedi soir. Devant le Forum à Montréal, Robert et André
attendent leur copain Marc, qui est très en retard. Le match
final pour la coupe Stanley commence dans dix minutes.
Malheureusement, c'est Marc qui a les billets. Robert et André
sont très impatients... Cinq minutes passent, puis trois minutes...
Dans deux minutes, le match va commencer! À cet instant,
Marc arrive, complètement essoufflé...

ROBERT – Enfin… le voilà! Vite, Marc! On va manquer le match!

MARC – Écoutez, les gars! Je regrette, mais…

ANDRÉ – On n'a pas le temps d'écouter tes excuses!

ROBERT – Ce n'est pas la première fois, non plus!

MARC – Minute! Je vais expliquer! Je suis venu à pied, moi!
La rue Guy, c'est assez loin, vous savez! Je n'ai jamais
été si fatigué!…

ANDRÉ – Imbécile! Tu n'as pas pris le métro?

MARC – Attends! Je n'ai pas fini! Je suis descendu en ville avec
mes parents et je suis arrivé à la station de métro…

ROBERT – Et alors?

MARC – Pas d'argent! Alors, j'ai dû marcher! J'ai laissé mon
portefeuille…

ROBERT – …Chez toi, hein? Bravo!

MARC – Bien sûr, d'après toi, c'est toujours de ma faute!

ANDRÉ – Oui! Toi, tu ne vas jamais changer! Tu…

ROBERT – Ça suffit! Le match a déjà commencé! On a eu assez
d'histoires!

ANDRÉ – C'est ça! Tu es ici, tu as les billets, ça, c'est l'essentiel!

MARC – Euh… les billets…?

abulaire

...asculin

le métro	subway
un portefeuille	wallet

féminin

la coupe Stanley	Stanley Cup

pronom

on	one; we; you; they, people

verbes

expliquer	to explain
laisser	to leave (behind)
manquer	to miss; to be missing
marcher	to walk

adjectifs

essoufflé	out of breath
fatigué	tired

adverbes

complètement	completely
malheureusement	unfortunately
si	so

préposition

d'après	according to

expressions

à cet instant	at that moment
avoir le temps de	to have the time to
ça, c'est l'essentiel	that's what's important, that's the main thing
ça suffit!	that's enough!
c'est de ma faute	it's my fault
minute!	not so fast! wait a minute!
non plus	(not) either
vous savez	you know

les mots-amis

final
une station
impatient

as-tu compris?

1. Où est-ce que Robert et André attendent Marc?
2. Quel match va commencer?
3. Quand est-ce qu'il va commencer?
4. Qui a les billets?
5. Pourquoi est-ce que Robert et André sont impatients?
6. Quand est-ce que Marc arrive?
7. Comment est-il quand il arrive?
8. Comment est-ce qu'il est venu au Forum?
9. Pourquoi a-t-il dû marcher?
10. Pourquoi est-ce que les trois amis ne vont pas assister au match?

entre nous

1. Combien de fois as-tu été en retard pour l'école cette année?
2. Que doit-on faire quand on arrive en retard pour l'école?
3. As-tu jamais assisté à un match de hockey? Où? Quand?
4. Qui a gagné la coupe Stanley l'année dernière?
5. Quelle est ton équipe de hockey favorite?
6. Quand tu n'as pas fait tes devoirs, quelle excuse donnes-tu à ton prof?
7. Es-tu souvent impatient? Quand?
8. As-tu un portefeuille? Qu'est-ce qu'il y a dans ton portefeuille?

savoir-dire

Quand tu donnes des excuses...	Quand tu écoutes des excuses...
Je vais expliquer...	Qu'est-ce qui est arrivé?
Écoute(z)...	Pourquoi...?
Tu sais / Vous savez...	Quel dommage!
Je suis désolé, mais...	Sans blague!
Je suis navré, mais...	Vraiment?
Je regrette, mais...	Ça va.
Pardon, mais...	Il n'y a pas de mal.
J'ai dû...	Ce n'est pas grave.
C'est de ma faute.	Ce n'est pas de ta faute!

observations

le passé composé des verbes irréguliers

l'infinitif		le participe passé
apprendre	→	appris
avoir	→	eu
devoir	→	dû
être	→	été
faire	→	fait
prendre	→	pris
vouloir	→	voulu

à l'affirmative

J'**ai appris** tous ces verbes.
Tu **as eu** assez de temps.
Nous **avons dû** aider maman.
Ils **ont été** chez le docteur.

à la négative

Je **n'ai jamais été** en ville.
Elles **n'ont pas fait** la vaisselle.
Il **n'a jamais eu** de moto.
Nous **n'avons pas dû** marcher.

à l'interrogative

As-tu eu un accident?
Où **a-t-il fait** du ski?
Pourquoi **avez-vous été**
  en retard?
Ont-ils voulu sortir
  mardi?

Est-ce que tu as eu un accident?
Où **est-ce qu'il a fait** du ski?
Pourquoi **est-ce que vous avez été**
  en retard?
Est-ce qu'ils ont voulu sortir
  mardi?

le passé composé de il y a = il y a eu

Il y a eu une party chez Marc samedi soir.
Il n'y a pas eu de match après les classes.
Y a-t-il eu un accident ici hier?

le pronom on

on = we, you, they, one, people

Le pronom **on** utilise la même forme du verbe que les
pronoms **il** ou **elle**.

Alors, **on part** bientôt?
On n'a pas le temps d'écouter tes excuses.
Vite, Guy! **On est** en retard!
On mange beaucoup de pain en France.
Dans une pièce de théâtre, **on doit** parler fort.
Parle-t-on français chez Monique?
On a dû marcher loin.

le métro de Montréal

- commencé en 1962
- 3 lignes
- 48 stations
- 600 000 passagers chaque jour

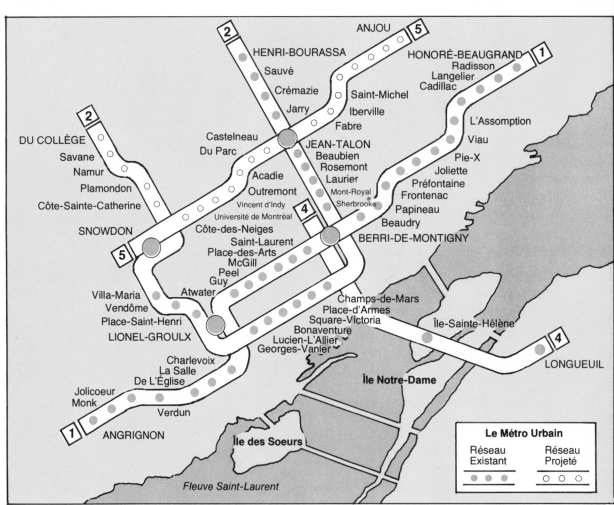

ANJOU

HENRI-BOURASSA

HONORÉ-BEAUGRAND

Sauvé
Crémazie
Jarry

Saint-Michel
Iberville
Fabre

Radisson
Langelier
Cadillac

DU COLLÈGE

Castelneau
Du Parc

JEAN-TALON
Beaubien
Rosemont
Laurier
Mont-Royal
Sherbrooke

L'Assomption
Viau
Pie-X
Joliette
Préfontaine
Frontenac
Papineau
Beaudry

Savane
Namur
Plamondon
Côte-Sainte-Catherine

Acadie
Outremont
Vincent d'Indy
Université de Montréal

SNOWDON

Côte-des-Neiges
Saint-Laurent
Place-des-Arts
McGill
Peel
Guy

BERRI-DE-MONTIGNY

Villa-Maria
Vendôme
Place-Saint-Henri
LIONEL-GROULX

Atwater

Champs-de-Mars
Place-d'Armes
Square-Victoria
Bonaventure
Lucien-L'Allier
Georges-Vanier

Île-Sainte-Hélène

LONGUEUIL

Charlevoix
La Salle
De L'Église

Île Notre-Dame

Jolicoeur
Monk

Verdun

ANGRIGNON

Île des Soeurs

Fleuve Saint-Laurent

Le Métro Urbain

Réseau Existant

Réseau Projeté

128

le métro de Paris

- commencé en 1900
- 13 lignes
- 281 stations
- 5 000 000 de passagers chaque jour

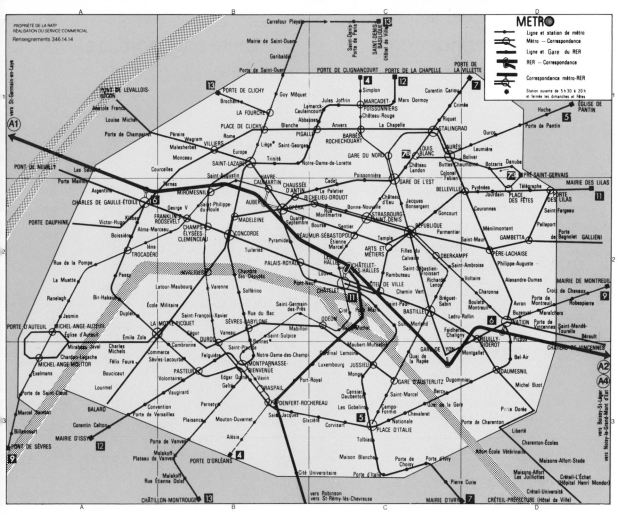

on y va!

A je sais le passé composé des verbes irréguliers!

1. Donne les formes du passé composé des verbes **être, faire** et **prendre** avec les sujets **je, elle, nous** et **ils**.

2. Donne les formes du passé composé des verbes **avoir, devoir** et **vouloir** avec les sujets **tu, il, vous** et **elles**.

3. Mets à la négative: j'ai appris, il a dû, nous avons voulu, vous avez été, ils ont eu.

4. Mets à l'interrogative avec **est-ce que** et avec l'inversion: elle a dû, nous avons fait, vous avez voulu, elles ont été, on a pris, il y a eu.

B je sais le pronom on!

Donne la bonne forme du verbe au présent et au passé composé avec le pronom **on**.

1. (partir) On ... tout de suite?
2. (faire) Qu'est-ce qu'on ... ce week-end?
3. (décider) Est-ce qu'on ... de partir bientôt?
4. (choisir) On ... une nouvelle voiture.
5. (attendre) On ... Richard devant l'école.
6. (avoir) On ... le temps de manger?
7. (être) On ... très en retard pour l'école!
8. (prendre) Qu'est-ce qu'on ... comme dessert?

C quelles excuses!

Avec un partenaire, jouez les deux rôles.

1. être chez le dentiste
   - **As-tu fait tes devoirs?**
   ▶ **– Désolé, j'ai été chez le dentiste!**
2. être chez le docteur
3. laisser mon livre dans la station de métro
4. avoir un accident de bicyclette
5. oublier mon livre à l'école
6. devoir travailler pour mon père
7. avoir trop à faire
8. perdre mes lunettes
9. avoir un match de hockey

D comme d'habitude!

Mets les verbes au passé composé.

1. J'ai rendez-vous chez le médecin.
   ▶ **Voyons! Tu as eu rendez-vous chez le médecin hier!**
2. Luc est au centre d'achats.
3. Louise doit rester après les classes.
4. Il y a un grand accident devant l'école.
5. Je ne veux pas sortir.
6. Ces élèves ne font pas leurs maths.
7. Lise et Claire ont beaucoup à faire.
8. Roger prend la voiture de papa.

E où?

Pose une question avec **où**.

1. J'ai été en ville. ▶ **Où as-tu été en ville?**
2. Il a eu un accident.
3. Nous avons pris un taxi.
4. Ils ont fait du ski.
5. J'ai eu des problèmes avec la voiture.
6. Elle a dû rester.
7. Elles ont appris le français.
8. Nous avons dû marcher.

F jamais de la vie!

Réponds aux questions au passé composé avec **ne ... jamais**.

1. Est-ce que ton frère est en retard?
   ▶ **Mais non! Il n'a jamais été en retard!**
2. Est-ce que tu prends le métro?
3. Est-ce que tes profs sont sévères?
4. Est-ce que tu as rendez-vous chez le dentiste?
5. Est-ce que vous voulez devenir cascadeur?
6. Est-ce que tu fais la vaisselle?
7. Est-ce qu'ils doivent marcher à l'école?
8. Est-ce que Marie prend des leçons de piano?

G le moulin à phrases

Fais des phrases. Il y a beaucoup de possibilités!

Hier,	je suis	en classe	eu rendez-vous	resté chez moi
En ce moment,	j'ai	chez moi	fait du sport	fatigué
Demain,	je vais	regardé la télé	beaucoup à faire	faim
		écouter mes disques	aller au cinéma	prêt
		été en ville	sorti	

H questions personnelles

Il est question de toi et de ta famille. Réponds aux questions avec **on**.

1. Où habitez-vous?
2. Combien de voitures avez-vous?
3. À quelle heure dînez-vous?
4. Que faites-vous pendant le week-end?
5. À quels restaurants allez-vous?
6. Jouez-vous aux cartes?
7. Quand prenez-vous des vacances?
8. Qu'est-ce que vous avez fait après le dîner hier soir?

I le temps passe vite!

1. Combien de secondes y a-t-il dans une minute?
2. Il y a combien de minutes dans une demi-heure?
3. Dans une heure, combien de minutes y a-t-il?
4. Combien d'heures est-ce qu'il y a dans une journée?
5. Une semaine a combien de jours?
6. Il y a combien de semaines dans une année?
7. Combien de jours y a-t-il dans une année?
8. Le mois de février a combien de jours?
9. Il y a combien de jours en avril? en juin? en septembre? en novembre?
10. Les autres mois ont combien de jours?

J que fait-on?

Complète avec le pronom **on** et un des verbes suivants.

dîner, jouer, écouter, répéter, plonger, acheter, danser, regarder

1. Au restaurant, **on dîne**.
2. Au cinéma, ... des films.
3. À la piscine, ... les dix mètres.
4. Au stade, ... au football.
5. À la discothèque, ...
6. À la boulangerie, ... du pain.
7. Au théâtre, ... des pièces.
8. Au concert, ... de la musique.

K excusez-moi!

A – **Excusez-moi.** Je suis en retard.
B – **Encore une fois!** Tu as une excuse?
A – Oui, **j'ai été chez le docteur.**

1. pardon
   comme d'habitude
   avoir un accident de bicyclette

2. je suis désolé
   c'est normal
   manquer mon autobus

3. je suis navré
   et comment
   être au bureau de la directrice

4. je regrette
   comme toujours
   devoir parler au conseiller

L pas possible!

A – Je n'ai jamais été si **occupée!**
B – Vraiment? Pourquoi?
A – **J'ai fait tout le ménage chez moi.**
B – Alors, **tu n'as pas téléphoné à Margot?**
A – **Pas possible!** Je n'ai pas eu le temps!

1. fatigué
   faire trois heures de devoirs
   regarder le match à la télé
   tu plaisantes

2. en retard
   faire la grasse matinée
   prendre le petit déjeuner
   pas question

3. fâché
   devoir rester après les classes
   jouer au tennis
   tu parles

4. pressé
   devoir faire beaucoup de choses
   prendre rendez-vous avec le conseiller
   tu es fou

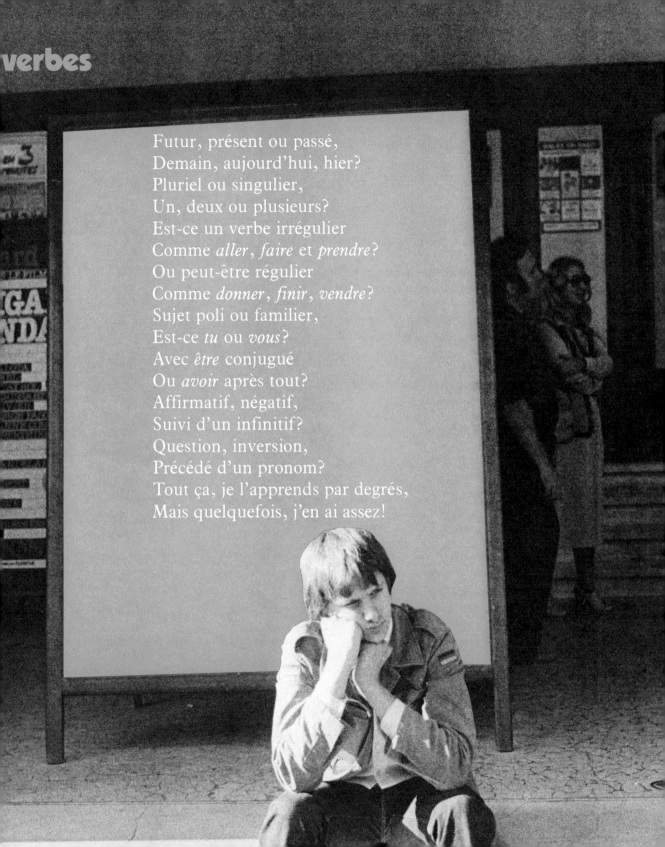

Futur, présent ou passé,
Demain, aujourd'hui, hier?
Pluriel ou singulier,
Un, deux ou plusieurs?
Est-ce un verbe irrégulier
Comme *aller*, *faire* et *prendre*?
Ou peut-être régulier
Comme *donner*, *finir*, *vendre*?
Sujet poli ou familier,
Est-ce *tu* ou *vous*?
Avec *être* conjugué
Ou *avoir* après tout?
Affirmatif, négatif,
Suivi d'un infinitif?
Question, inversion,
Précédé d'un pronom?
Tout ça, je l'apprends par degrés,
Mais quelquefois, j'en ai assez!

bon voyage!

A la politesse

Qu'est-ce que tu vas dire?

1. Tu dois demander les directions pour aller au stade.
   ▶ **Pardon, monsieur. Pour aller au stade, s'il vous plaît?**
2. Tu demandes de parler à Pierre au téléphone.
3. Tu perds le nouveau disque de ton copain.
4. Ta voisine veut parler à ta mère, mais elle n'est pas là.
5. Tu fais de la planche à roulettes dans la rue. Tu descends trop vite une pente et tu rentres dans le facteur.
6. Tu entres en retard pour ta classe de français.
7. On téléphone à ton père, mais il est occupé. Il prend un bain.
8. Tu demandes de l'argent à ton père.
9. Tu dois expliquer à tes parents pourquoi tu rentres si tard.
10. Tu deviens malade en classe. Tu veux sortir.
11. Tu réponds au téléphone. C'est pour ta mère. Elle est là.
12. Tu dois demander les directions pour aller à la piscine.

B les excuses

Quelquefois, on invente des excuses. Quelle excuse va avec quelle situation?

1. Richard n'a pas fait ses devoirs.
2. Hélène rentre tard d'une party.
3. M. Laroche oublie l'anniversaire de sa femme.
4. Monique casse la guitare de sa copine.
5. Marc ne veut pas aller à l'école parce qu'il a un test.
6. Maurice perd un match de tennis contre sa petite soeur.
7. Pierrette casse une fenêtre chez les voisins.

les excuses

A Comment! Ton cadeau n'est pas encore arrivé du magasin? Je vais téléphoner tout de suite!

B Ce n'est pas très sérieux. Tu n'as jamais très bien joué de cet instrument.

C Mais, monsieur! Un chien a mangé mon cahier d'exercices!

D Tu as de la chance, toi! Je n'ai pas fait de mon mieux. D'ailleurs, j'ai été trop fatigué!

E Ce n'est pas de ma faute! Il y a eu une avalanche de météorites!

F Désolée, papa, mais je suis rentrée à pied. Tu sais, on doit faire un peu d'exercice de temps en temps!

G Oh, maman! Je dois rester au lit! Je suis vraiment malade!

c faisons du théâtre!

Lis les détails suivants, puis prépare une petite pièce.
Présente la pièce avec des copains.

petit vocabulaire
une contravention ticket
un patron boss
un permis de conduire driver's licence

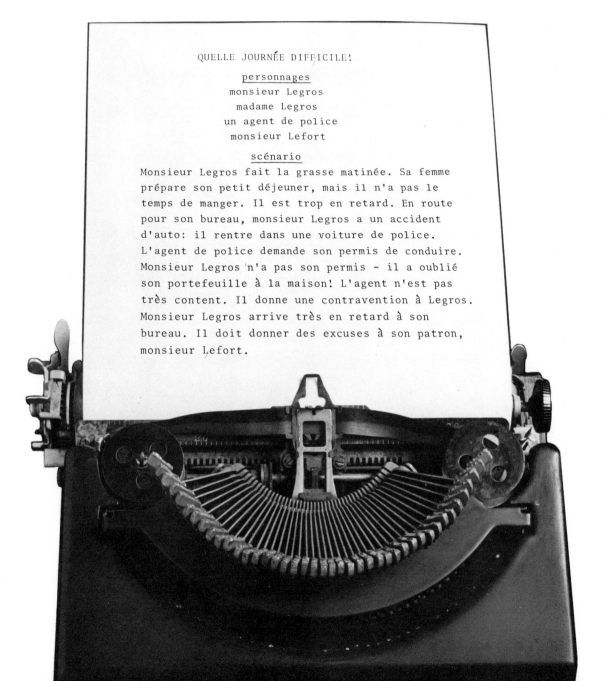

QUELLE JOURNÉE DIFFICILE!

personnages
monsieur Legros
madame Legros
un agent de police
monsieur Lefort

scénario

Monsieur Legros fait la grasse matinée. Sa femme
prépare son petit déjeuner, mais il n'a pas le
temps de manger. Il est trop en retard. En route
pour son bureau, monsieur Legros a un accident
d'auto: il rentre dans une voiture de police.
L'agent de police demande son permis de conduire.
Monsieur Legros n'a pas son permis - il a oublié
son portefeuille à la maison! L'agent n'est pas
très content. Il donne une contravention à Legros.
Monsieur Legros arrive très en retard à son
bureau. Il doit donner des excuses à son patron,
monsieur Lefort.

D pour demander un service

A – Pardon, tu es occupé?
B – Pas du tout. Qu'est-ce que tu veux?
A – Puis-je emprunter ta moto?
B – Pourquoi?
A – Je dois aller à ma leçon de guitare et j'ai manqué l'autobus.
B – Alors, bien sûr!
A – Tu es très aimable. Merci beaucoup!
B – De rien!

petit vocabulaire

de rien	you're welcome
emprunter	to borrow
un service	favour

Avec un partenaire, inventez des dialogues pour les situations suivantes.

1. Madame Dugas va chez les Gagné pour emprunter du sucre. Elle veut faire un gâteau, mais elle n'a pas de sucre.
2. Bernard monte à la chambre de son frère pour emprunter de l'argent. Il veut sortir avec Jeannette ce soir, mais il a dépensé tout son argent.
3. Madeleine téléphone au bureau de son docteur. Elle doit prendre rendez-vous tout de suite parce qu'elle a cassé ses lunettes.
4. Richard parle à la secrétaire dans le bureau du conseiller. Il doit prendre rendez-vous parce qu'il a de mauvaises notes en anglais.
5. Yves est dans le bureau du directeur. Il veut rentrer à la maison parce qu'il est malade.

E c'est toi, le détective!

Mardi matin, tu fais un rapport pour le chef de police sur les activités du
criminel Jacques Poignet. Qu'est-ce que tu dis?

8 h 00 Poignet sort de la station de police et prend un taxi.

9 h 00 Il arrive à l'aéroport.

9 h 05 Il téléphone.

9 h 10 Il attend devant l'aéroport.

9 h 30 Une voiture noire arrive. Deux hommes sortent. Ils parlent avec Poignet.

9 h 40 Poignet part avec les hommes.

10 h 00 Ils arrêtent la voiture devant le restaurant « Chez Pépé ».

10 h 15 Ils entrent. Ils prennent un café. Ils recommencent à parler.

10 h 30 Poignet sort du restaurant seul. Il prend un taxi.

11 h 00 Il arrive à l'hôtel des Puces. Il monte à la chambre 529.

12 h 00 Il descend. Il achète un journal.

12 h 10 Il remonte à la chambre. Il reste là toute la journée.

5 h 00 Clouseau arrive pour continuer la surveillance.

je me souviens!

verbe + infinitif (*Grammaire*, page 189)

Je veux **parler** à Marc.

Aimes-tu **aller** au cinéma?

Il ne doit pas **partir**.

adorer, aimer,
aimer mieux, aller,
désirer, détester,   +   infinitif
devoir, préférer,
vouloir

A je sais répondre!

Complète chaque phrase avec un infinitif.

1. – Tu patines souvent en hiver?
   – Oui, j'aime **patiner** avec mes amis.
2. – Vous avez déjà parlé au conseiller?
   – Non, nous désirons … au directeur!
3. – Est-ce que ta soeur joue avec nous?
   – Non, elle déteste … aux cartes!
4. – Tu écoutes souvent la musique classique?
   – Non, je préfère … la musique pop.
5. – Est-ce que ton prof plaisante beaucoup?
   – Oui, il adore … !
6. – Ils ne sont pas encore descendus?
   – Non, mais ils doivent … bientôt!
7. – Tu vas au match avec nous?
   – Non, je veux … au cinéma avec Lisette!

B pas question!

Donne une réponse négative à chaque question.

1. Veux-tu sortir ce soir?
   ▶ **Non, je ne veux pas sortir ce soir!**
2. Vous désirez parler au directeur, monsieur?
3. Est-ce qu'il veut faire la vaisselle?
4. Vous voulez aller à la pizzeria, les gars?
5. Tu veux rester à la maison cet après-midi?
6. Aimez-vous discuter?
7. Tu vas rentrer très tard?
8. Allez-vous perdre le match?
9. Aimes-tu faire des achats?
10. Allez-vous expliquer vos bulletins?
11. Est-ce qu'elles désirent prendre le métro?
12. Tu aimes rester après les classes, n'est-ce pas?

verbe + à + infinitif (*Grammaire*, page 189)

J'ai aidé mon ami **à trouver** ses lunettes.
Il ne va pas continuer **à travailler**.
Tu apprends **à parler** français?

aider à
apprendre à
commencer à

continuer à
recommencer à   +   infinitif
réussir à

choisis bien!

1. As-tu réussi à (manger, améliorer, faire) tes notes?
2. Paul va apprendre à (jouer, regarder, attendre) du piano?
3. Je ne veux pas recommencer à (acheter, tomber, faire) tout ce travail!
4. Aide ta soeur à (gagner, finir, participer) ses devoirs!
5. Quand le prof n'est pas là, les élèves commencent à (parler, étudier, manger).
6. Continuons à (vouloir, commander, répéter) la pièce!

Attention! On peut utiliser **continuer à** ou **continuer de**.

9 **language** the indirect object pronouns lui and leur

the verb dire

the preposition de with an infinitive

communication transmitting messages

situation receiving messages at school

messages pour les élèves

Vers trois heures de l'après-midi, un élève frappe à la porte de
la salle 27 à l'école Frontenac. M. Gendron, le professeur, est
en train de distribuer un test. Il n'a pas l'air content de cette
interruption. Le jeune élève lui donne des messages pour certains
élèves. M. Gendron les examine avec impatience, regarde ses
élèves, et, avec un air très irrité, leur annonce…

Albert Lampion! Ta mère téléphone encore pour dire de
rapporter tes chaussettes de gymnastique à la maison! Ça fait déjà
six mois que tu les oublies!

Un message pour les soeurs Gauthier! Allez chercher votre petit
frère à la crèche. Cette fois, vous lui demandez d'aller aux toilettes
avant de partir, d'accord?

Et voici un message pour Lucien! N'oublie pas que tu vas chez
le dentiste après les classes! Le rendez-vous est pour 4 h 00. Tes
nouvelles dents sont prêtes!

Bien sûr, comme toujours, il y a un message pour Boutron! Tu
dois passer à l'épicerie pour acheter une boîte de sardines pour ton
dîner!

Finalement, un autre message de ta mère, Lampion! N'oublie
pas d'aller chez le coiffeur avant de rentrer! Ça fait déjà un an que
tu oublies!

Bon! Et maintenant, commençons le test!

À cet instant, la cloche sonne. Tous les élèves quittent
rapidement la salle de classe. M. Gendron, les tests à la main,
regarde le plafond avec un air exaspéré…

cabulaire

...sculin

un air	expression, look
un coiffeur	barber, hairdresser
un plafond	ceiling

féminin

une boîte	can; box
une chaussette de gymnastique	gym sock
une cloche	bell
une crèche	day-care centre
une dent	tooth
les toilettes	washroom(s)

pronoms

leur	(to) them
lui	(to) him/her

verbes

dire	to say, to tell
distribuer	to distribute, to hand out
passer à	to stop at
rapporter	to bring back

préposition

avant de (+ *inf.*)	before

adjectifs

certain	certain, some
exaspéré	exasperated
irrité	irritated

adverbe

rapidement	quickly

expressions

à la main	in his/her hand
aller chercher	to go and get
avec impatience	impatiently
avoir l'air content	to seem happy
ça fait	that makes
être en train de	to be in the process of

les mots-amis

annoncer	un message
une interruption	une sardine

as-tu compris?

1. Qui frappe à la porte de la salle 27 à l'école Frontenac?
2. Comment s'appelle le professeur?
3. Qu'est-ce qu'il est en train de faire?
4. Quelle est sa réaction après l'interruption?
5. Qu'est-ce que l'élève donne au professeur?
6. Qu'est-ce qu'Albert Lampion doit faire? Pourquoi?
7. Où est-ce que les soeurs Gauthier doivent aller? Pourquoi?
8. Où est-ce que leur petit frère doit aller avant de partir?
9. Où est-ce que Lucien doit aller après les classes? À quelle heure? Pourquoi?
10. Où est-ce que Boutron doit passer? Pourquoi?
11. Où est-ce qu'Albert Lampion doit aller avant de rentrer? Pourquoi?
12. Qu'est-ce que M. Gendron fait quand la cloche sonne?

entre nous

1. Quelquefois, est-ce que tes parents laissent des messages à ton école? Pourquoi?
2. Est-ce que tu oublies de faire des choses quelquefois? Qu'est-ce que tu oublies de faire?
3. Quelles sortes d'interruptions y a-t-il dans tes classes?
4. D'habitude, comment est ton professeur quand il y a des interruptions?
5. Es-tu irrité quelquefois? Quand et pourquoi?
6. Quand es-tu allé chez le coiffeur la dernière fois? Combien est-ce que cela a coûté?

as-tu remarqué?

personne	magasin
chez le médecin	**à la** boulangerie
chez la directrice	**au** supermarché

1. Paul n'aime pas aller ... dentiste.
2. N'oublie pas de passer ... épicerie.
3. Je n'ai pas le temps d'aller ... coiffeur.
4. J'ai besoin d'aspirine. Va ... pharmacie, s'il te plaît.
5. Il a manqué son rendez-vous ... conseiller.
6. C'est ... directeur que vous devez aller.

observations utiles!

Pour demander où sont les toilettes, il y a quelques possibilités:

– Où sont les toilettes, s'il vous plaît?
– Où se trouvent les toilettes, s'il vous plaît?

– Pour aller aux toilettes, s'il vous plaît?
– Où sont les W. C., s'il vous plaît?

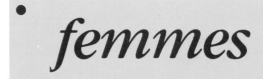

saviez-vous?

En français, le mot **boîte** a deux sens:

une boîte de sardines   une boîte de chocolats
une boîte de tomates   une boîte de céréales

la langue vivante

Ça fait combien de temps?

Ça fait quarante minutes **qu'**elle parle au téléphone!
Ça fait deux heures **que** j'attends mes amis!
Ça fait une semaine **que** tu oublies d'aller chez le coiffeur!

observations

les pronoms objets indirects (lui et leur)

objets directs	objets indirects
Jacques cherche **Pierre**.	Jacques téléphone **à Pierre**.
Marie n'aime pas **l'infirmière**.	Marie ne parle pas **à l'infirmière**.
Mes parents invitent **leurs amis**.	Mes parents demandent **à nos voisins** de venir.

objet indirect = **à** + un nom qui représente une personne

---

objet indirect répété

– Tu téléphones **à Robert**?
– Oui, bien sûr, je
  téléphone **à Robert**.

– Vous parlez **aux voisins**?
– Non, nous ne parlons pas **aux voisins**.

pronom objet indirect

– Tu téléphones **à Robert**?
– Oui, bien sûr, je **lui** téléphone.

– Vous parlez **aux voisins**?
– Non, nous ne **leur** parlons pas.

Quand tu ne veux pas répéter l'objet indirect, utilise
le pronom **lui** ou **leur**.

exemples

– Tu téléphones **à ton frère**?
– Oui, je **lui** téléphone.

– Tu téléphones aussi **à maman**?
– Oui, je **lui** téléphone aussi.

– Est-ce que le directeur parle **aux garçons**?
– Oui, il **leur** parle.

– Est-ce qu'il parle aussi **aux jeunes filles**?
– Oui, il **leur** parle aussi.

 Les pronoms **lui** et **leur** sont masculins et féminins.

---

sujet	objet direct	objet indirect
il (*he; it*)	**le, l'** (*him; it*)	**lui** (*to him; to her*)
elle (*she; it*)	**la, l'** (*her; it*)	
ils (*they*)	**les** (*them*)	**leur** (*to them*)
elles (*they*)		

---

le verbe dire (to say, to tell)

le présent

je dis
tu dis
il dit
elle dit
nous disons
vous dites
ils disent
elles disent

le passé composé

j'ai dit
tu as dit
il a dit
elle a dit
nous avons dit
vous avez dit
ils ont dit
elles ont dit

Attention au
participe passé!

la préposition de et l'infinitif

arrêter
avoir le temps
continuer
décider
demander
dire   + **de** + infinitif
être en train
finir
oublier
regretter

exemples

Paulette **a décidé de** partir.
Les élèves n'**ont** pas **fini de** répéter la pièce.
N'**oublie** pas **de** rapporter ton chandail!
Je **regrette d'**être en retard.
On n'**a** pas **le temps de** manger!
Elle **dit** souvent **de** bien travailler.
Robert et Jeanne **sont en train de** faire la vaisselle.
Ils ne veulent pas **arrêter de** jouer au billard.
Ma soeur **demande** à son ami **de** sortir ce soir.
Continuez de faire vos devoirs!

On dit ou on demande **à** une personne **de** faire
quelque chose.

exemples

Demande **à** Paul **de** venir à 4 h 00.
Je vais dire **à** Roger **d'**attendre devant le stade.
Le prof **lui** demande **de** distribuer les tests.
Nous **leur** disons **d'**aller chez les voisins.

Attention! Pour demander la permission:
On **demande à** aller aux toilettes.

on y va!

A je sais les pronoms <u>lui</u> et <u>leur</u>!

1. Je téléphone **à Marc**. ▶ **Je lui téléphone**.
2. Tu parles **à tes amis**? ▶ **Tu leur parles**?
3. Tu demandes **à ta mère**?
4. Ils parlent **aux Dupont**.
5. On téléphone **à Caroline**?
6. Nous parlons **à Paul et à Pierre**.
7. Elle téléphone **au médecin**?
8. Tu ne parles pas **à tes profs**?
9. Vous demandez **à la conseillère**.
10. Je ne parle jamais **aux enfants de nos voisins**.

B je sais le verbe <u>dire</u>!

1. Donne les formes du présent du verbe **dire** à l'affirmative et à la négative avec les pronoms **je**, **il**, **nous**, **vous** et **elles**.
2. Donne les formes du passé composé du verbe **dire** à l'affirmative, à la négative et à l'interrogative avec les pronoms **tu**, **elle**, **vous** et **ils**.

C je sais la préposition <u>de</u> avec l'infinitif!

1. oublier / faire mes devoirs
   ▶ **J'ai oublié de faire mes devoirs.**
2. décider / rentrer tard
3. regretter / arriver en retard
4. arrêter / plonger les dix mètres
5. finir / lire cette histoire
6. avoir le temps / aider mon père
7. dire / parler plus fort

D bon, bon, d'accord!

1. Donne l'argent à Paul!
   ▶ **Ça va, ça va, je lui donne l'argent!**
2. Passe le sel à Robert!
3. Téléphone à tes parents!
4. Parle français à M. Plantin!
5. Réponds à ta mère!
6. Donne l'assiette à Michel!
7. Demande la permission à ton père!

E qu'est-ce qu'on est en train de faire?

1. parler / Marc ▶ **Il est en train de parler.**
2. étudier le français / je
3. lire un magazine / mon père
4. distribuer le test / le professeur
5. jouer au bridge / nous
6. apprendre le français / vous
7. faire le ménage / mes deux frères

F on parle souvent!

1. Tu parles à Jeannette?
   ▶ **Mais oui, je lui parle souvent!**
2. à Marie-Claire
3. à Jeannette et à Claudine
4. à ton père
5. à l'infirmière
6. à tes parents
7. à monsieur Lebon
8. aux élèves
9. à ce jeune homme

G ils n'oublient jamais!

1. Jacques n'a pas fait ses devoirs?
   ▶ **Voyons donc, il n'oublie jamais de faire ses devoirs!**
2. Paulette n'a pas fait la vaisselle?
3. Robert n'a pas cherché son petit frère à l'école?
4. Mon frère n'a pas fini ses exercices?
5. Ils n'ont pas pris le petit déjeuner?
6. Vous n'êtes pas allé chez le coiffeur?
7. Charles n'a pas apporté sa guitare?
8. Lise n'a pas passé à l'épicerie?

H mais non!

1. Tu ne téléphones pas à Pierre?
   ▶ **Mais non, je ne lui téléphone jamais!**
2. Tu ne donnes pas de cadeaux aux enfants?
3. Tu ne parles pas aux voisins?
4. Tu ne réponds pas au professeur?
5. Tu ne montres pas ton bulletin à ton père?
6. Tu ne donnes pas de disques à tes amis?
7. Tu ne poses pas de questions à la directrice?
8. Tu ne demandes pas d'argent à tes copains?

I vive la différence!

1. Tu cherches Paul? ▶ **Oui, je le cherche.**
2. Tu parles à Marie? ▶ **Oui, je lui parle.**
3. Tu téléphones à Charles?
4. Tu aides tes parents?
5. Tu réponds au professeur?
6. Tu invites Marianne?
7. Tu parles aux élèves?
8. Tu trouves Yvette sympa?
9. Tu visites ton ami?
10. Tu dis bonjour au professeur?

J les demandes

1. faire ses devoirs / Paul
   ▶ **Je lui demande de faire ses devoirs.**
2. aller chez le conseiller / Robert et Paul
3. manger sa salade / Caroline
4. faire le ménage / ma soeur
5. chercher leur petit frère / les soeurs Gauthier
6. arriver à l'heure / mon copain
7. finir ce travail / les élèves

K messages multiples

1. sa mère / Paul / aller à la boulangerie
   ▶ **Sa mère lui dit d'aller à la boulangerie.**
2. Robert / Jacqueline / téléphoner à ses parents
3. je / mon frère / aller chez le coiffeur
4. le professeur / les étudiants / commencer le test
5. leurs parents / Paul et Robert / aller chercher leur soeur
6. nous / nos copains / acheter des billets pour le concert
7. maman / Albert / rapporter ses chaussettes

L la party

A – Demain, c'est l'anniversaire de **Paul**, n'est-ce pas?
B – Oui. Qu'est-ce que tu lui donnes?
A – Un disque, je pense. Et toi?
B – Moi, je lui donne **un livre**.

1. les frères Dupont	2. Jacqueline
des posters	des fleurs
3. les soeurs Gauthier	4. M. Gendron
des chocolats	des aspirines

M oui, maman!

A – Que fais-tu, René?
B – Moi, j'existe et je pense!
A – Imbécile! N'oublie pas d'aller **chez le coiffeur**!
B – Oui, maman!
A – Tu vas **chez tes grands-parents** après!
B – Oui, maman!
A – Tu leur **dis bonjour**, d'accord?
B – Oui, maman!

1. à la boulangerie
   chez Mme Gauthier
   dire bonjour

2. à l'épicerie
   chez Jean-Pierre
   donner le message

3. chez le dentiste
   chez les Dubois
   montrer les photos

4. chez le médecin
   chez le conseiller
   montrer ton bulletin de notes

le cadeau-surprise

Après leur mariage, un jeune couple a acheté une jolie maison. Quand ils sont rentrés de leur voyage de noces, ils ont ouvert les cadeaux qui sont arrivés pendant leur absence. Parmi ces cadeaux, ils ont trouvé une grande enveloppe blanche. Dans l'enveloppe, deux billets de théâtre et une carte d'une écriture inconnue, avec ces mots: «Devinez qui!» Très surpris, le jeune couple a essayé de deviner l'identité de cet ami généreux. Mais, impossible de l'identifier!

Alors, ils ont décidé d'utiliser les billets et, à 7 h 00, ils sont partis pour le théâtre. Pendant le spectacle, ils ont regardé partout pour peut-être identifier l'ami inconnu, mais sans succès!

Après la pièce, le jeune couple est rentré vers minuit. Ils ont trouvé leur maison complètement cambriolée! Et dans la salle à manger, ils ont trouvé sur la table une autre carte avec la même écriture inconnue. Sur la carte, ce simple message: «Maintenant, vous savez qui!»

petit vocabulaire

cambriolé	burglarized	**ouvert (ouvrir)**	opened
deviner	to guess	**parmi**	among
une écriture	writing	**partout**	everywhere
essayer (de)	to try (to)	**un spectacle**	performance, show
inconnu	unknown	**un voyage de noces**	honeymoon

vrai ou faux?

1. Après leur mariage, le jeune couple a acheté une maison.
2. Des cadeaux sont arrivés pendant leur absence.
3. Les billets dans l'enveloppe sont pour un match de hockey.
4. Ce soir, le couple est allé au théâtre.
5. Au théâtre, ils ont rencontré des amis.
6. C'est un ami qui a donné les billets au jeune couple.

questions

1. Qu'est-ce que le couple a trouvé parmi les cadeaux?
2. Quel est le message sur la première carte?
3. Quand est-ce que le couple est allé au théâtre?
4. Qu'est-ce qu'ils ont fait au théâtre?
5. Quand sont-ils rentrés du théâtre?
6. Qu'est-ce qu'ils ont trouvé?
7. Quel est le message final?

l'explosion des mots!

verbe	nom
acheter ⟶	un achat
cambrioler ⟶	un cambrioleur
chanter ⟶	un chanteur
décider ⟶	une décision
deviner ⟶	une devinette
écrire ⟶	une écriture
entrer ⟶	une entrée
étudier ⟶	un étudiant
regarder ⟶	un regard
surprendre ⟶	une surprise
vendre ⟶	un vendeur

choisis bien!

1. La police a arrêté le fameux ..., René Passepartout.
2. Ne parle pas à Michel de la party! C'est une ... pour son anniversaire!
3. C'est un bon ... – il n'a jamais eu de mauvaises notes!
4. Cette ... est trop difficile; je ne vais jamais trouver la solution!
5. Il y a 36 magasins au nouveau centre d'....
6. Mon frère est ... dans un grand magasin.
7. On vend des billets à l'... du théâtre.
8. Il y a une très belle ... sur cette invitation.

bon voyage!

A du tac au tac

Pour chaque phrase de la liste A, choisis une réponse probable de la liste B.

liste A

1. Qu'est-ce qui est arrivé à ce jeune homme?
2. C'est à manger ici?
3. N'oublie pas d'aller chez le dentiste!
4. Ne leur dis pas que Paul va venir!
5. Qu'est-ce qu'ils font?
6. As-tu demandé à Marie d'aller au cinéma avec toi?
7. Et avec ça, quelque chose à boire?
8. Maintenant, on commence le test!
9. Quoi! Il est encore en retard?
10. Où sont les toilettes, s'il vous plaît?

liste B

1. Dommage, monsieur. La cloche va sonner!
2. Ah, c'est donc une surprise!
3. Bien sûr, comme toujours!
4. Pas encore! Je lui téléphone tout de suite!
5. Il est tombé du deuxième étage, docteur.
6. Oui, mais pour quand est le rendez-vous?
7. Ils sont en train de jouer au billard.
8. C'est la deuxième porte à gauche.
9. Oui, un thé, s'il vous plaît.
10. Non, c'est à emporter.

B franchement...

Complète les phrases comme tu veux!

1. Je ne suis pas toujours d'accord quand on dit…
2. Pour les vacances, j'ai décidé de…
3. Après le 1er janvier, je vais arrêter de…
4. J'ai toujours voulu…
5. Je suis exaspéré quand on oublie de…
6. Souvent, je dois dire à mes amis de…
7. Je n'aime pas les interruptions quand je suis en train de…
8. Quelquefois, j'oublie de…
9. Je n'ai pas toujours le temps de…
10. Je suis irrité quand…

© 1968 United Feature Syndicate, Inc.

c les commérages

Téléphone à un ami et raconte les activités de Paulette, de Jacqueline, de Roger et de Suzette!

Paulette
Robert a invité Paulette au cinéma samedi soir. Elle a demandé à Robert d'arriver à sept heures précises. Il est arrivé chez elle un quart d'heure en retard, mais il a apporté des fleurs.

Jacqueline
Pierre a invité Jacqueline au concert de rock vendredi soir. Jacqueline a demandé à Pierre d'arriver au café «le Caveau» à six heures et demie. Il est arrivé dix minutes en retard, mais il a apporté des chocolats.

Roger
Marie-Chantal a invité Roger au musée dimanche après-midi. Il a demandé à Marie-Chantal d'être devant la station de métro à deux heures. Elle est arrivée à deux heures vingt. Après, au restaurant, elle a acheté un hamburger et un lait frappé pour son copain.

Suzette
Georges a invité Suzette à la danse samedi soir. Elle a demandé à Georges d'attendre à l'entrée du gymnase à huit heures et quart. Il est arrivé à neuf heures moins le quart, mais il a apporté une jolie rose pour elle.

TOI – Tiens! J'ai parlé à **Paulette!** Quelle histoire!

TON COPAIN – Ah, oui? Qu'est-ce qui est arrivé?

TOI – **Robert** a demandé à Paulette d'aller **au cinéma**!

TON COPAIN – Et puis?

TOI – Elle a dit à Robert d'**arriver chez elle à sept heures**.

TON COPAIN – Et alors?

TOI – Eh bien, il est arrivé **un quart d'heure** en retard!

TON COPAIN – Pas vrai!

TOI – Mais, tu sais, il a **apporté des fleurs**!

TON COPAIN – Ça, c'est gentil!

D le service des messages téléphoniques

Tu es téléphoniste au service des messages téléphoniques. Les clients téléphonent pour leurs messages. Jouez les rôles du téléphoniste et du client.

petit vocabulaire

un rappel	return call
rappeler	to call back
le service des messages téléphoniques	telephone answering service

---

MESSAGE 1

DATE *le 12 mai*

HEURE *9 h 15*

POUR *M. Dupont*

DE *M. Lanvin*

No TÉLÉPHONE *313 - 1211*

☑ S.V.P. RAPPELER   ☐ RAPPEL PAS NÉCESSAIRE
☐ VA RAPPELER   ☑ EN RÉPONSE À VOTRE APPEL

MESSAGE: *ne va pas venir demain*

MESSAGE 2

DATE *le 12 mai*

HEURE *9 h 30*

POUR *M. Charlier*

DE *votre femme*

No TÉLÉPHONE

☐ S.V.P. RAPPELER   ☑ RAPPEL PAS NÉCESSAIRE
☐ VA RAPPELER   ☐ EN RÉPONSE À VOTRE APPEL

MESSAGE: *Allez chercher vos enfants à la crèche!*

MESSAGE 3

DATE *le 12 mai*

HEURE *9 h 45*

POUR *M. Charlier*

DE *le docteur Lebel*

No TÉLÉPHONE *614 - 8310*

☑ S.V.P. RAPPELER   ☐ RAPPEL PAS NÉCESSAIRE
☐ VA RAPPELER   ☐ EN RÉPONSE À VOTRE APPEL

MESSAGE: *veut jouer au golf ce week-end*

MESSAGE 4

DATE *le 12 mai*

HEURE *10 h 30*

POUR *M. Savard*

DE *votre père*

No TÉLÉPHONE

☐ S.V.P. RAPPELER   ☑ RAPPEL PAS NÉCESSAIRE
☐ VA RAPPELER   ☑ EN RÉPONSE À VOTRE APPEL

MESSAGE: *a fait les réservations au restaurant pour demain*

152

TÉLÉPHONISTE – Allô!

CLIENT – Allô. M. Dupont à l'appareil. Est-ce qu'il y a des messages pour moi?

TÉLÉPHONISTE – Oui, monsieur Lanvin a téléphoné à 9 h 15. Il ne va pas venir demain.

CLIENT – Est-ce que je dois rappeler?

TÉLÉPHONISTE – Oui, monsieur. Son numéro est le 313-1211.

CLIENT – C'est tout?

TÉLÉPHONISTE – Oui, monsieur.

CLIENT – Merci!

TÉLÉPHONISTE – À votre service!

MESSAGE	5

DATE *le 12 mai*

HEURE *11 h 00*

POUR *Mme Dorion*

DE *l'école Saint-Antoine*

No TÉLÉPHONE

☐ S.V.P. RAPPELER ☑ RAPPEL PAS NÉCESSAIRE
☐ VA RAPPELER ☐ EN RÉPONSE À VOTRE APPEL

MESSAGE: *N'oubliez pas le rendez-vous avec le conseiller de votre fils.*

MESSAGE	6

DATE *le 12 mai*

HEURE *11 h 25*

POUR *Mlle Lachance*

DE *votre coiffeur*

No TÉLÉPHONE

☐ S.V.P. RAPPELER ☑ RAPPEL PAS NÉCESSAIRE
☐ VA RAPPELER ☐ EN RÉPONSE À VOTRE APPEL

MESSAGE: *N'oubliez pas le rendez-vous vendredi matin à 10 h 00.*

MESSAGE	7

DATE *le 12 mai*

HEURE *13 h 05*

POUR *Mme Bernier*

DE *votre fille*

No TÉLÉPHONE *712-2734*

☑ S.V.P. RAPPELER ☐ RAPPEL PAS NÉCESSAIRE
☐ VA RAPPELER ☐ EN RÉPONSE À VOTRE APPEL

MESSAGE: *N'oubliez pas d'acheter un cadeau pour Nicole.*

MESSAGE	8

DATE *le 12 mai*

HEURE *14 h 00*

POUR *Hector Chaban*

DE *votre mère*

No TÉLÉPHONE

☐ S.V.P. RAPPELER ☑ RAPPEL PAS NÉCESSAIRE
☐ VA RAPPELER ☐ EN RÉPONSE À VOTRE APPEL

MESSAGE: *Apportez des gâteaux et des bonbons à la maison!*

le babillard

À VENDRE Motocyclette de moto-cross – une «Supra», bonne condition, \$999. Téléphoner à Paul Vanier, 672-3796 (après 6 h 00).	À VENDRE Planche à surfing–une «Météore», en excellente condition, \$150. Téléphone: 343-9216. (Demander Bobby Boileau.)
À VENDRE Des skis «Chamonix» de bonne qualité, \$250. Appeler Josette Lebrun, 732-1653 (samedi/dimanche).	À VENDRE Camper (une Ford), lits pour quatre, très bonne condition, \$3000. Téléphoner à M. ou à Mme Routier, 987-2576.
À VENDRE Bicyclette de femme «Peugeot», 10 vitesses, excellente condition, \$175. Téléphoner à Pierrette Laroue, 391-6736.	À VENDRE Montre-bracelet (une «Rolex»), marche très bien, \$225. Téléphoner à Mme Cadran, 312-1317.
À VENDRE Magnétophone stéréo (un «Ultrason»), \$275. Téléphoner à M. ou à Mme Duclos, 437-2256.	À VENDRE Planche à roulettes «Zoom». Doit vendre à cause d'un accident. Bonne condition. \$25. Contacter Richard Rapideau, hôpital St-André, chambre 13, 663-2721.

Tes amis ont besoin de certaines choses. À ton supermarché, tu regardes le babillard et tu remarques des annonces intéressantes. Tu téléphones à tes amis pour leur donner tous les détails. Qu'est-ce que tu vas dire à chaque ami?

Guy: Il veut acheter une moto pour faire du moto-cross.
Jean-Claude: Il a perdu sa montre.
Jacqueline: Elle veut acheter un magnétophone.
Robert: Il désire acheter une planche à surfing pour ses vacances en Californie.
Les parents de Luc: Ils veulent acheter un camper.
Brigitte: Elle a besoin d'une bicyclette.
Chantal: Elle désire acheter des skis.

– Allô!
– Allô, Guy, c'est ….
– Salut, …! Comment ça va?
– Très bien! Écoute, il y a **une moto** à vendre!
– Pas vrai! Quelle marque?
– **Une «Supra»**.
– Ah, bon! En quelle condition?
– **En bonne condition.**
– Ça coûte combien?
– **\$999.00.**
– Formidable! À qui est-ce que je dois téléphoner?
– À **Paul Vanier**.
– C'est quel numéro?
– C'est le **672-3796**.
– Bon! Tu es sensass! Merci!
– De rien!

F comment trouver...?

Tu es réceptionniste dans un grand immeuble. Avec un partenaire,
jouez les rôles du réceptionniste et des visiteurs qui cherchent
certains bureaux. Utilisez le plan du premier étage et la liste des
bureaux.

quelques expressions utiles:

à droite	on, to the right
à gauche	on, to the left
au fond du couloir	at the end of the hallway
tourner à droite	to turn right
tourner à gauche	to turn left
tout droit	straight ahead

– Pour le bureau de **Mme Fouchard**, s'il vous plaît?
– C'est la suite 105. Prenez le couloir à gauche et
  allez tout droit. Tournez à gauche au deuxième
  couloir. C'est la deuxième porte à droite!
– Merci beaucoup!
– À votre service!

BUREAUX — 1er ÉTAGE

Alembert, Jacques, IMPORT-EXPORT	Suite 107
Batrin, Yves, DENTISTE	Suite 101
Les Grands Magasins BONSTYLE	Suite 104
Les Assurances CONTRETOUT	Suite 110
La Station de radio CVLF	Suite 112
Fouchard, Hélène, ARCHITECTE	Suite 105
Garneau, Pierre, DÉTECTIVE PRIVÉ	Suite 102
La Compagnie GRANDIN ET FILS	Suite 106
Lavoie, Joseph, MÉDECIN	Suite 108
La Compagnie MAGLOIRE	Suite 103
Martineau, Alice, MÉDECIN	Suite 111
L'Agence de Voyages SOLEIL	Suite 109

je me souviens!

les adjectifs irréguliers *(Grammaire, page 185)*

• beau (bel)	beaux	belle	belles
blanc	blancs	blanche	blanches
• bon	bons	bonne	bonnes
canadien	canadiens	canadienne	canadiennes
• ce (cet)	ces	cette	ces
• cher	chers	chère	chères
• dernier	derniers	dernière	dernières
épais	épais	épaisse	épaisses
favori	favoris	favorite	favorites
fou (fol)	fous	folle	folles
• gros	gros	grosse	grosses
nerveux★	nerveux	nerveuse	nerveuses
• nouveau (nouvel)	nouveaux	nouvelle	nouvelles
• premier	premiers	première	premières
• quel	quels	quelle	quelles
• tout	tous	toute	toutes

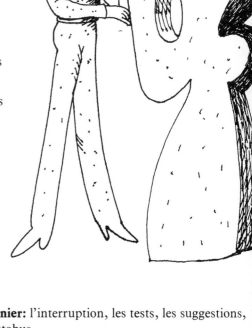

• devant le nom

★ d'autres adjectifs comme **nerveux: dangereux**, **délicieux**,
   ennuyeux, **sérieux**

l'adjectif et le nom

Mets la forme correcte de l'adjectif à gauche avec les noms à droite. Attention à la position des adjectifs!

1. **canadien:** une histoire, un ami, des villes, des acteurs
2. **délicieux:** des frites, un biscuit, une boisson, des desserts
3. **blanc:** des chemises, des souliers, une blouse, un chandail
4. **favori:** mon film, mes disques, ma chanteuse, mon acteur
5. **tout:** le monde, la famille, les enfants, les instructions
6. **épais:** des cahiers, une pizza, un sandwich, des lunettes
7. **dernier:** l'interruption, les tests, les suggestions, l'autobus
8. **fou:** un gars, une femme, des hommes, des filles
9. **ce:** travail, étudiante, ami, numéros, boîtes
10. **ennuyeux:** un livre, une pièce, des questions, des exercices
11. **gros:** un chien, les oignons, une tomate, les dents
12. **quel:** courses, pente, choc, cascadeurs
13. **nouveau:** un mot, un infirmier, les dents, les lunettes, une secrétaire
14. **bon:** les rôles, un coiffeur, une voix, les places

10

language the object pronouns me, te, nous and vous
the verb pouvoir
the conjunction que
communication asking for and giving advice
situation the personal advice column in the newspaper

chère Gigi

Chère Gigi,

J'ai seize ans et la jeune fille que j'aime a seize ans aussi. Quand nous sommes seuls, Lise me dit qu'elle m'aime, mais quand mon copain Pierre arrive, elle ne me parle pas. Elle parle seulement à Pierre! Plus tard, elle me demande pardon, mais le lendemain elle fait la même chose. Qu'est-ce que je dois faire?

Jaloux

Cher Jaloux,

La prochaine fois que tu es avec Lise et une de ses copines, ne parle pas à Lise. Parle seulement à sa copine. Je t'assure que Lise va devenir jalouse. Comme ça, elle va sans doute comprendre tes sentiments!

Chère Gigi,

On ne me comprend pas. Selon mes parents, je suis trop jeune pour sortir le soir et pour avoir un emploi après les classes, mais je suis assez âgé pour garder mon petit frère et pour travailler à la maison! À mon avis, un garçon de quinze ans doit avoir plus de liberté. Pouvez-vous me donner des conseils?

Raymond

Cher Raymond,

Tu dois parler franchement à tes parents et leur expliquer ton point de vue. Demande si tu peux travailler pendant la semaine et sortir le week-end. Tu dois leur montrer que tu peux faire cela et en même temps avoir de bonnes notes à l'école. Comme ça ils vont probablement te donner la liberté que tu cherches. Bonne chance!

Chère Gigi,

Je sors avec un garçon que j'aime beaucoup. Mais, nous avons des goûts très différents. Mon ami n'aime pas beaucoup les sports, mais moi, j'adore ça! Avez-vous des conseils?

Malheureuse

Chère Malheureuse,
À mon avis, il y a une solution très simple: cherche donc un ami qui aime les sports!

Gigi

vocabulaire

masculin
un conseil	(piece of) advice
un emploi	job
un goût	taste
le lendemain	the next day
un point de vue	point of view
un sentiment	feeling

verbes
comprendre	to understand
conseiller	to advise
pouvoir	to be able

adjectifs
âgé	old
jaloux, jalouse	jealous
malheureux(-euse)	unhappy
même	same
prochain	next

adverbe
probablement	probably

conjonctions
que	that
si	if

pronoms
me	me, to me
nous	us, to us
te	you, to you
vous	you, to you

expressions
bonne chance!	good luck!
en même temps	at the same time
plus de	more

les mots-amis

assurer
la liberté
simple
une solution

as-tu compris?

cher jaloux
1. Quel âge ont les deux amis?
2. Qu'est-ce que Lise dit quand elle est seule avec son ami?
3. Quand Pierre arrive, qu'est-ce qu'elle fait?
4. Qu'est-ce qu'elle fait plus tard?
5. Qu'est-ce qui arrive le lendemain?
6. Quelle est la réaction du jeune homme quand Lise parle seulement à Pierre?
7. Selon Gigi, qu'est-ce que le jeune homme doit faire?
8. Quelle va être probablement la réaction de Lise?

cher Raymond
1. Quel âge a Raymond?
2. Selon ses parents, qu'est-ce que Raymond est assez âgé pour faire?
3. Selon ses parents, qu'est-ce qu'il est trop jeune pour faire?
4. Qu'est-ce que Raymond veut?
5. Qu'est-ce qu'il doit demander à ses parents?
6. Que doit-il leur montrer?
7. Qu'est-ce que ses parents vont probablement lui donner?

chère malheureuse
1. Quel est le problème de la jeune fille?
2. Selon Gigi, qu'est-ce qu'elle doit faire?

entre nous

1. Combien de fois par semaine sors-tu?
2. Sors-tu souvent avec un(e) ami(e)? Où allez-vous?
3. À ton avis, à quel âge est-ce qu'un(e) jeune peut commencer à avoir un peu de liberté?
4. Es-tu souvent jaloux? Quand? Pourquoi?
5. À qui parles-tu quand tu as un problème?
6. Est-ce que tu as des amis qui ont les mêmes goûts que toi? Pourquoi?

Je ne sais pas trop quoi vous demander. = I don't really know what to ask you.

---

savoir-dire

Pour dire comment on va …
Ça va (très) bien!
Ça va (très) mal!
On peut être:
occupé, pressé, désolé, fatigué, calme, nerveux, content, fâché, heureux,
malheureux, jaloux, impatient, irrité, exaspéré.

observations

les pronoms objets me, te, nous et vous

- Tu **me** téléphones ce soir?
- Oui, je **te** téléphone ce soir.

- Qu'est-ce que Marie **t'**explique?
- Elle **m'**explique tous ces pronoms.

- Où **nous** attendent-ils?
- Ils **vous** attendent devant le stade.

- Qu'est-ce qu'il **vous** montre?
- Il **nous** montre sa nouvelle moto.

- Est-ce que le prof **me** regarde?
- Non, il ne **te** regarde pas.

Ces pronoms objets peuvent être **directs** ou **indirects**.

me	me, to me
te	you, to you
nous	us, to us
vous	you, to you

Il **me** regarde. (objet direct)

Il **me** donne son adresse. (objet indirect)

! **me, te ⟶ m', t'** devant une voyelle

- Tu **m'**aimes?
- Oui, je **t'**aime!

Sujet (ne) + le / la / l' / les / **lui** / leur / me / te / nous / vous + **verbe** (pas *ou* jamais)

---

les pronoms objets devant un infinitif

- **Cet exercice** est très difficile!
- Oui, mais je peux **le** faire!

- Veux-tu regarder **cette émission**?
- Non, je ne veux pas **la** regarder.

- Vas-tu attendre **Paul**?
- Oui, je vais **l'**attendre ici.

- Va-t-il acheter **les billets**?
- Oui, il va **les** acheter bientôt.

- **Il** est très intéressant, non?
- Tu as raison. J'aime bien **lui** parler.

- Peux-tu **me** téléphoner plus tard?
- Non, je ne peux pas **te** téléphoner.

e verbe pouvoir (to be able to)

u présent

e peux★	nous pouvons
u peux	vous pouvez
peut	ils peuvent
lle peut	elles peuvent

I can, I am able to

au passé composé

j'ai pu★	nous avons pu
tu as pu	vous avez pu
il a pu	ils ont pu
elle a pu	elles ont pu

★I was able to

Attention au participe passé!

---

xemples

eux-tu m'aider?
u ne peux pas aller au cinéma?
uis-je parler à Marie, s'il vous plaît?
lles peuvent vous conseiller.
ésolé, mais **je n'ai pas pu** te téléphoner hier.

- D'habitude, il y a un infinitif après le verbe **pouvoir**.
- Pour poser une question avec **je** au présent, on doit utiliser:
  Puis-je...? ou **Est-ce que je peux**...?

---

conjonction que (that)

1on ami pense **que** je suis très sympa.
ise me dit **qu'**elle m'aime.
ai décidé **que** tu as raison.

n utilise la conjonction **que** avec les verbes suivants:

nnoncer	comprendre	expliquer	penser
pprendre	décider	montrer	répondre
ssurer	dire	oublier	trouver

on y va!

A je sais les pronoms me, te, nous et vous!

Réponds aux questions avec **oui**.

1. Est-ce que tu me téléphones ce soir?
2. Je t'attends ici?
3. Il vous rapporte un sandwich?
4. Tu me demandes pardon?
5. Vas-tu m'inviter à la party?
6. Est-ce que tu vas nous montrer l'exercice?
7. Vous voulez nous raconter toute l'histoire?
8. Tu peux m'expliquer le problème?

B je sais le verbe pouvoir!

1. Donne les formes du verbe **pouvoir** au présent à l'affirmative, à la négative et à l'interrogative, avec les sujets **je**, **il**, **nous**, **vous** et **elles**.
2. Donne les formes du verbe **pouvoir** au passé composé à l'affirmative, à la négative et à l'interrogative, avec les sujets **tu**, **elle**, **nous**, **vous** et **ils**.

C je sais la conjonction que!

Utilise la conjonction **que** pour faire des phrases.

1. Pierre / dire / le conseiller / être aimable
   ▶ **Pierre dit que le conseiller est aimable.**
2. le prof / annoncer / nous / aller avoir un test
3. les élèves / montrer / ils / comprendre la leçon
4. on / décider / le problème / être trop difficile
5. il / répondre / il / être malade
6. le gérant / trouver / l'ascenseur / être en panne
7. maman / dire / on / avoir besoin de lait
8. les jeunes filles / expliquer / leur radio / être cassée
9. tu / oublier / le train / arriver à sept heures
10. nous / penser / ces exercices / être trop faciles

D tu veux ou tu ne veux pas?

Demande à tes amis! Ils peuvent accepter ou refuser!

1. Demande à ton ami s'il va t'inviter à la party!
   ▶ – **Tu vas m'inviter à la party?**
   – **Bien sûr, je vais t'inviter!**
   – **Pas question! Je ne vais pas t'inviter!**
2. Demande à ton amie si elle va te téléphoner!
3. Demande à ton ami s'il veut t'attendre!
4. Demande à ton amie si elle va te montrer ses photos!
5. Demande à ton ami s'il peut t'aider!
6. Demande à ton amie si elle peut te conseiller!
7. Demande à ton ami s'il peut te donner $5.00!
8. Demande à ton amie si elle veut te rencontrer après les classes!

E ah, les pronoms!

le, **la**, **l'**, **les**, **lui** ou **leur**?

1. Où est Marc? ... voilà enfin!
2. Mon conseiller s'appelle M. Martin. Je ... trouve très sympa. Je ... demande souvent des conseils.
3. Dis à ton père que je ne peux pas ... téléphoner ce soir.
4. Si je regarde toujours Suzy, c'est parce que je ... trouve belle.
5. Lise et Pierre veulent venir à notre party. Est-ce qu'on ... invite? Est-ce qu'on ... demande d'apporter des disques?
6. Roger est en retard, mais je vais ... attendre.
7. Lampion, est-ce que tu as tes chaussettes de gymnastique? Tu dois ... rapporter à la maison!
8. Le professeur parle aux soeurs Gauthier. Il ... dit d'aller chercher leur petit frère.
9. La pizza? Je ... trouve délicieuse!
10. Si tes parents ne te comprennent pas, tu dois ... expliquer ton point de vue.
11. Quand est-ce que Louis arrive? Je veux ... montrer ma nouvelle guitare.
12. Quelle belle robe! Est-ce que tu vas ... acheter?

quand on veut, on peut!

Complète chaque phrase avec la forme correcte du verbe **pouvoir** au présent.

1. ...-je entrer? Oui, tu ... entrer.
2. On ... t'assurer que c'est vrai.
3. Madeleine ne ... pas sortir parce qu'elle est malade.
4. Est-ce que vous ... m'aider avec ce problème?
5. Quand ...-il partir?
6. Ils ... nous rencontrer après le dîner.
7. Elle ne ... pas rester après les classes.
8. Qui ... me dire la réponse?
9. Tout le monde ... faire cela.
10. Nous ne ... pas sortir ce soir.

les adjectifs

Choisis le bon adjectif et répète la phrase.

1. Je suis très (calme, fatigué). Demain, je vais faire la grasse matinée.
2. Quand on marche loin, on est (âgé, essoufflé).
3. Lise est très (jalouse, riche) quand son ami parle à Jeannette.
4. Je trouve cette tarte aux pommes (délicieuse, nerveuse).
5. Ma grand-mère a quatre-vingt-cinq ans. Elle est (jeune, âgée), non?
6. L'accident est (prêt, sérieux). Paul a les deux bras de (cassés, gonflés).
7. Je déteste les sports (urgents, violents)!
8. Quel gars (épais, gonflé)! Il a fait des sauts en parachute, tu sais!
9. Ma petite soeur est très (âgée, malheureuse). Elle ne peut pas sortir ce week-end.
10. Êtes-vous (jeunes, prêts), les gars? Le match commence bientôt!
11. Son copain porte des lunettes (fâchées, épaisses).
12. Cette actrice est très (nerveuse, dangereuse). La pièce commence dans une heure!
13. Je n'ai jamais été si (nouveau, fâché)! J'ai manqué l'autobus!
14. Marie n'aime pas attendre. Elle est très (urgente, impatiente).
15. Je suis (désolé, essoufflé), mais mon père n'est pas là. Est-ce que c'est (violent, urgent)?

les remplacements

le, **la**, **l'**, **les**, **lui** ou **leur**?

1. Je trouve **sa soeur** très sympa.
   ▶ **Je la trouve très sympa.**
2. Tu ne prends pas **le poulet**?
3. Il distribue les tests **aux élèves**.
4. Voilà **ton chandail**.
5. Il ne demande jamais pardon **à ses amis**.
6. Je pose des questions **au conseiller**.
7. Nous allons aider **notre copain**.
8. Je parle **à mes parents**.
9. Voici **les messages**.
10. Tu dis bonjour **au professeur**?
11. Vous cherchez **vos amis**?
12. Vous n'invitez pas **Claire**?

questions personnelles

Utilise des pronoms objets pour répondre aux questions.

1. Où est-ce que tu préfères faire **tes devoirs**?
   ▶ **Je préfère les faire...**
2. Où aimes-tu acheter **tes vêtements**?
3. Peux-tu parler franchement **à tes parents**?
4. Aimes-tu donner des conseils **à tes amis**?
5. Dois-tu ranger **ta chambre**?
6. Veux-tu étudier **le français**?
7. Vas-tu téléphoner **à ton copain** ce soir?
8. Aimes-tu aider **tes parents**?
9. Dois-tu prendre **l'autobus** pour aller à l'école?
10. Dois-tu parler français **à ton prof de français**?

J impossible!

A – Alors, vous pouvez nous **aider avec ce travail**?
B – **Pas possible**!
A – Mais pourquoi?
B – Parce qu'on doit **rentrer tout de suite**!

1. téléphoner samedi
   désolé
   aller en ville

2. montrer la ville
   je regrette
   jouer au base-ball

3. attendre ici
   impossible
   retourner à la maison

4. expliquer ces questions
   pas possible
   rentrer bientôt

5. acheter une pizza
   dommage
   rester après les classes

K vouloir, c'est pouvoir!

A – Papa, puis-je avoir l'auto ce soir?
B – **Range ta chambre**, puis je te donne l'auto.
A – **D'accord**! Je vais la ranger tout de suite!
B – Vouloir, c'est pouvoir!

1. finir tes devoirs   3. aider ta mère
   formidable   bravo

2. faire la vaisselle   4. ranger le salon
   fantastique   merci

L tu es fou?

A – Je vais vendre **ma moto**. Tu veux l'acheter?
B – Tu la vends! Combien?
A – **Trois cents dollars**.
B – Trois cents dollars! Tu me prends pour un imbécile?

1. mon tourne-disque   3. ma bicyclette
   $50.00 $75.00

2. mes disques
   $45.00

perspectives

l'anglais et les langues romanes

En anglais, beaucoup de mots sont d'origine française. Examinez, par exemple, cette phrase française:

Attention! Le train arrive dans une minute!

Les mots **attention**, **train**, **arrive** et **minute** sont les mêmes en français et en anglais.

Le français, l'italien, l'espagnol et le portugais sont des formes modernes du latin. Parmi ces langues, les similarités de vocabulaire et de grammaire sont très évidentes.

latin:	Historia populi in studio suae linguae est.
espagnol:	La historia de un pueblo está en el estudio de su lengua.
portugais:	A história de um povo está no estudo da sua língua.
italien:	La storia di un popolo è nello studio della sua lingua.
français:	L'histoire d'un peuple est dans l'étude de sa langue.

Aujourd'hui, on peut remarquer l'influence du latin et des langues romanes sur l'anglais. Examinez ces mots anglais: **history**, **story**, **people**, **population**, **study**, **language**. Trouvez, dans chaque phrase, des mots de la même famille que ces mots anglais!

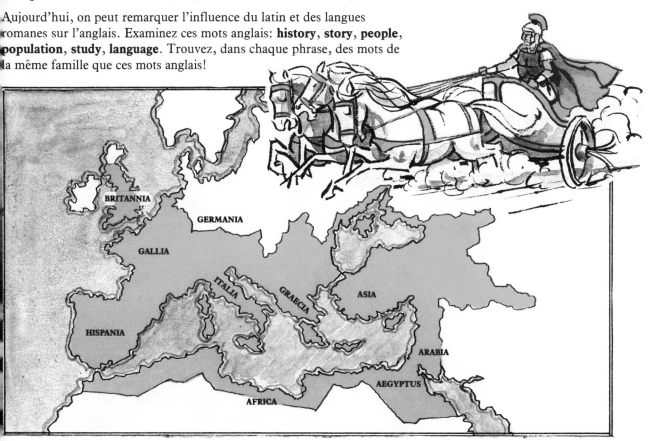

Gigi vous parle

Dans le «Courrier du cœur», on me demande toujours des conseils. D'habitude, vous pouvez lire des lettres et des réponses qui sont intéressantes – de temps en temps elles sont même très amusantes. Mais cette fois, je ne vais pas donner de conseils – j'espère que vous allez m'excuser.

Vous pensez peut-être que c'est facile de donner des conseils aux jeunes, mais vous allez trouver que ce n'est pas si facile! Voici, par exemple, une lettre d'une jeune fille qui me demande des conseils:

Chère Gigi,

J'ai seize ans. Comme tout le monde, j'ai beaucoup d'amis et on sort souvent ensemble. Mais un de ces garçons me dit maintenant qu'il m'aime. Il s'appelle Daniel. Il est beau et très intelligent et on a les mêmes goûts. Je pense que je suis amoureuse! Mais, comment est-ce que je peux savoir s'il est sérieux? Comment puis-je être certaine qu'il m'aime vraiment?

Confuse

Aujourd'hui, je veux vous mettre à ma place. C'est à vous de répondre! Quels conseils allez-vous lui donner?

questions

1. De qui est la lettre?
2. Quel âge a la jeune fille?
3. Qu'est-ce qu'elle fait souvent?
4. Qu'est-ce qu'un garçon lui dit maintenant?
5. Comment s'appelle-t-il?
6. Comment est-il?
7. Qu'est-ce que la jeune fille pense?
8. Qu'est-ce qu'elle veut savoir?
9. De quoi est-ce qu'elle veut être certaine?

trouve le contraire de...

difficile	âgée	des questions
jamais	peu	différents
ennuyeuses	stupide	

le bon usage

temps, fois ou **heure**?

De **temps** en **temps**, j'ai besoin de conseils.
On n'a pas le **temps** d'attendre.
Le **temps** passe vite!
Toi, tu plaisantes tout le **temps**!
Ne parlez pas tous en même **temps**!

C'est la dernière **fois** que je vais t'expliquer!
La prochaine **fois** que tu fais ça, je vais te casser les bras!
Tiens! Daniel est tombé amoureux encore une **fois**!
Six **fois** cinq font trente.

Quelle **heure** est-il?
Tu n'arrives jamais à l'**heure**!
Tiens! Il est midi! C'est l'**heure** du déjeuner!

quiz

1. À ton avis, qu'est-ce qu'on doit dire à «Confuse»?

    A Ne soyez pas si impatiente!
    B C'est très simple. Vous devez lui demander!
    C Je ne sais pas comment vous conseiller.
    D On doit lui dire que...

2. Qu'est-ce que tu penses du «Courrier du coeur»?

    A Les correspondants ne peuvent pas prendre de décisions.
    B C'est intéressant, mais ce n'est pas amusant.
    C De temps en temps, tout le monde a besoin de conseils.
    D Je pense que...

3. Selon Gigi, ce n'est pas facile de donner des conseils. Pourquoi?

    A Parce qu'on doit parler franchement et sans plaisanter.
    B Parce que toutes les questions sont sérieuses.
    C Parce qu'on doit toujours réfléchir avant de donner un conseil.
    D Parce que...

petit vocabulaire

amoureux (-euse)	in love	**même** (*adv.*)	even
confus	confused	**mettre**	to put
le courrier du coeur	advice to the lovelorn	**peut-être**	maybe, perhaps
espérer	to hope	**savoir**	to know

bon voyage!

A problèmes et conseils

Dans la liste A, on t'explique certains problèmes. Cherche le conseil qui va aider la personne. N'oublie pas que tu peux aussi inventer de nouvelles suggestions!

---

liste A

1. Mes parents sont souvent fâchés parce que je passe trop de temps au téléphone.
2. Chez moi, tout le monde peut écouter mes conversations au téléphone! Je veux avoir un téléphone dans ma chambre, mais mes parents disent non, parce que ça coûte trop cher.
3. Je n'ai pas d'amis à ma nouvelle école. Je suis malheureuse.
4. J'aime un garçon, mais il ne sait pas que j'existe.
5. Je ne sais pas si je veux devenir professeur ou médecin.
6. Je ne peux pas sortir parce que je n'ai pas d'argent.
7. Je ne veux pas toujours accepter le point de vue de mon copain.
8. Chez moi, je n'ai jamais le choix des émissions à la télé.
9. C'est moi qui dois toujours faire le ménage, mais ma soeur ne le fait jamais.
10. Je suis un garçon qui aime être seul de temps en temps. Mes amis pensent que je suis fou!

---

conseils

A Ce n'est pas juste. Demande à ta mère de faire une liste du travail nécessaire. Ta soeur doit faire sa part aussi!

B Sois raisonnable! Explique à tes amis que tu peux passer seulement cinq ou six minutes au téléphone.

C Tu dois prendre rendez-vous avec le conseiller à ton école.

D Parle franchement à tes parents. Demande si tu peux choisir une ou deux émissions chaque jour.

E Cherche un emploi. Si tu ne peux pas trouver d'emploi, demande à tes parents de te payer un petit salaire pour le travail que tu fais à la maison.

F Si tu as un emploi ou assez d'argent, demande à tes parents si tu peux payer un téléphone dans ta chambre.

G Chaque personne a une personnalité différente. C'est normal d'avoir besoin de solitude.

H Ça prend du temps. Selon tes goûts, tu peux devenir membre d'un club ou d'une équipe à ton école. Comme ça, tu vas rencontrer des amis.

I C'est un vrai problème! Demande à un ami de te présenter au garçon.

J C'est normal. Ce n'est pas nécessaire de l'accepter. Après tout, toi aussi, tu as tes idées et tes opinions.

---

petit vocabulaire

coûter cher	to cost a lot
juste	fair
une part	part, share
présenter	to introduce

B le monde des jeunes

Est-ce que tu es d'accord ou pas d'accord avec ces observations? Tu dois expliquer pourquoi!

1. Les jeunes ne doivent pas avoir un emploi pendant la semaine.
2. Tous les enfants dans une famille doivent faire le ménage.
3. À ton âge, il est important d'avoir un peu de liberté.
4. Un jeune de seize ans ne doit pas avoir une voiture.
5. Pendant la semaine, un jeune doit rester à la maison pour faire ses devoirs.
6. Il est important d'avoir les mêmes goûts que tes copains.
7. Beaucoup de jeunes ont un héros qu'ils aiment imiter.
8. Les maths sont très importantes et tous les jeunes doivent les étudier.
9. Chaque jeune a des talents.
10. Tous les jeunes doivent réfléchir à leur avenir.

«Tu sais, les jeunes d'aujourd'hui mangent trop!»

c les personnalités

Quels adjectifs donnent une bonne description de ces personnes? À toi de juger!

Denis: Pour être libre le soir, il rentre de l'école et il fait tout de suite ses devoirs.

Monique: Parce qu'elle aime faire la grasse matinée, Monique est souvent en retard pour l'école. Naturellement, elle a de mauvaises notes.

Marianne: Elle est un peu nerveuse dans de nouvelles situations.

Caroline: Parce qu'il y a beaucoup d'enfants dans sa famille, elle demande rarement de l'argent à ses parents. Elle travaille au supermarché après les classes et elle garde les enfants des voisins.

René: Il téléphone toujours à ses parents pour leur dire qu'il va rentrer tard.

Richard: Si ses parents lui refusent quelque chose, il monte à sa chambre… fâché!

Cécile: Elle est intéressée à tout. Elle pose toujours des questions à ses profs, à ses parents et à ses amis. Elle aime lire.

André: Il participe à des courses de moto-cross. Il veut devenir cascadeur plus tard.

Suzy: Elle est très populaire parce qu'elle est toujours prête à écouter les problèmes de ses amis.

Claudette: Elle emprunte les disques de ses amis et elle oublie souvent de les rapporter.

Maurice: Quand son amie Chantal parle à d'autres garçons, Maurice ne lui parle pas pendant deux ou trois jours.

Paul: Il passe tout son temps devant le miroir.

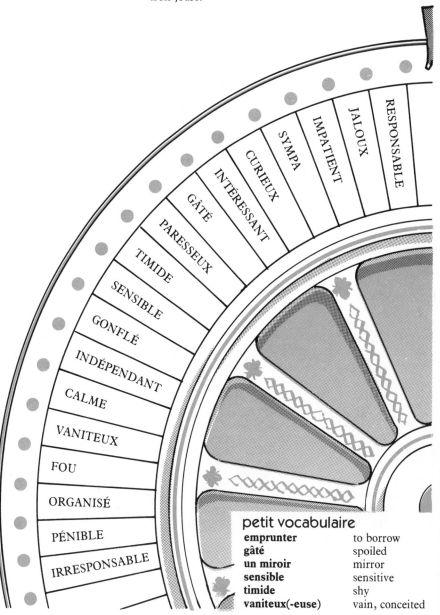

RESPONSABLE
JALOUX
IMPATIENT
SYMPA
CURIEUX
INTÉRESSANT
GÂTÉ
PARESSEUX
TIMIDE
SENSIBLE
GONFLÉ
INDÉPENDANT
CALME
VANITEUX
FOU
ORGANISÉ
PÉNIBLE
IRRESPONSABLE

petit vocabulaire

emprunter	to borrow
gâté	spoiled
un miroir	mirror
sensible	sensitive
timide	shy
vaniteux(-euse)	vain, conceited

D sondage d'opinion

Le président d'un grand réseau de télévision vous demande de proposer
une nouvelle programmation pour le vendredi soir, de 20 h 00 à 22 h 00.
Il vous donne une liste d'émissions possibles. Vous devez lui donner les
deux heures de programmation qui vont réussir le mieux dans votre classe.

ÉMISSIONS POSSIBLES

Le Cinéma français (90 min.)
– un nouveau film chaque semaine

De la Terre aux Galaxies (60 min.)
– histoires de science-fiction

La Semaine en revue (60 min.)
– nouvelles internationales, nationales et
régionales

Point de vue (30 min.)
– interviews avec des personnalités célèbres

Histoires de la Frontière (90 min.)
– des westerns classiques

L'Heure des Sports (60 min.)
– informations sportives et séquences filmées

Pour mieux comprendre (30 min.)
– documentaires de la société humaine

Rigolades (30 min.)
– une demi-heure de comédie

Mystère de la Semaine (60 min.)
– aventures policières

L'Univers aquatique (30 min.)
– explorations dans les océans du monde

Télémagazine (60 min.)
– un pot-pourri de reportages et d'interviews

Rendez-vous en studio (30 min.)
– visites avec des groupes musicales populaires

Auteurs et Artistes (30 min.)
– le monde des arts

Vers l'An 2000 (30 min.)
– découvertes récentes dans le monde des
sciences

---

comment le faire

Formez quatre équipes et faites le travail ensemble.
Choisissez les émissions qui, à votre avis, vont attirer
le plus grand nombre de téléspectateurs dans la classe.

comment le vérifier

Chaque équipe doit présenter sa programmation aux
autres étudiants. **Tous** les étudiants doivent voter
pour la programmation qu'ils préfèrent. N'oubliez
pas qu'on ne peut pas faire d'autres combinaisons!

petit vocabulaire

attirer	to attract
la cote d'écoute	radio, TV ratings
(le) mieux	(the) best
un pot-pourri	mixture
la programmation	programming
un réseau	network
une séquence filmée	film clip
un sondage d'opinion	opinion survey
un téléspectateur	TV viewer
vérifier	to verify, to check

je me souviens!

l'article indéfini

affirmatif	négatif
J'ai **un** frère. ⟶	Je n'ai pas **de** frère.
Il achète **une** moto. ⟶	Il n'achète pas **de** moto.
Tu as **des** disques. ⟶	Tu n'as pas **de** disques.
C'est **une** Corvette. ⟶	Ce n'est pas **une** Corvette.

l'article partitif

affirmatif	négatif
Je mange **du** poulet. ⟶	Je ne mange pas **de** poulet.
Tu veux **de la** viande? ⟶	Tu ne veux pas **de** viande?
Il dépense **de l'**argent. ⟶	Il ne dépense jamais **d'**argent.
C'est **de la** moutarde. ⟶	Ce n'est pas **de la** moutarde.

choisis bien!

un, une, des, du, de la, de l', de ou **d'**?

1. Il prend … soupe à l'oignon.
2. J'achète … nouvelle auto.
3. Tu vas commander … dessert?
4. Il n'y a pas … téléphone ici.
5. Il ne prend pas … frites.
6. Il y a … lait dans le frigo.
7. Elle ne mange jamais … pizzas.
8. C'est … cadeau!
9. Tu veux … moutarde?
10. As-tu … argent?
11. Il n'y a pas … sel!
12. Nous écoutons … musique.
13. Il ne veut pas … bonbons.
14. Il prennent … taxi.
15. Il a … amis intéressants.
16. Puis-je avoir … eau?
17. Ce n'est pas … question difficile!
18. Qui n'a pas … billet?
19. Maman fait … gâteau.
20. C'est … glace au chocolat.

que sais-je?

A les associations

Quelles idées vont ensemble?

1. **des messages**	la gymnastique
2. un cascadeur	travailler
3. âgé	des sardines
4. un portefeuille	le métro
5. un emploi	**le téléphone**
6. fatigué	une salle
7. un dentiste	le danger
8. irrité	des enfants
9. une boîte	l'argent
10. un test	des interruptions
11. une crèche	un point de vue
12. une station	des grands-parents
13. un gymnase	faire la grasse matinée
14. expliquer	des dents
15. un plafond	distribuer

B le participe passé, s'il te plaît!

1. assurer ▶ **assuré**
2. dire
3. comprendre
4. partir
5. finir
6. pouvoir
7. vouloir
8. faire
9. répondre
10. être
11. aller
12. laisser
13. prendre
14. avoir
15. devoir
16. apprendre

C au passé composé, s'il te plaît!

Écris la forme correcte du verbe au passé composé. Attention à l'auxiliaire!

1. (devoir) Nous ... marcher du métro au théâtre.
   ▶ **Nous avons dû marcher du métro au théâtre.**
2. (être) Marie et Chantal ... contentes de leurs bulletins de notes.
3. (avoir) Est-ce qu'ils ... assez de temps pour faire les achats?
4. (descendre) Elle ... en ville en taxi.
5. (prendre) Pourquoi est-ce que vous ... le métro?
6. (faire) Est-ce que tu ... tous les exercices?
7. (pouvoir) Oui, j'... gagner la course!
8. (apprendre) Il ... à faire de la planche à roulettes en Californie.
9. (dire) Elle ... bonjour à Pierre.
10. (vouloir) Pourquoi est-ce que tu n'... pas ... aller au match avec Raymond?
11. (finir) Malheureusement, Paul n'... pas encore ... ses devoirs.
12. (aller) Robert ... chercher ses parents à la gare.
13. (devoir) Est-ce que les élèves ... répondre à toutes les questions?
14. (tomber) En quelle année est-ce que l'empire romain ... ?

D aujourd'hui, mais pas hier

1. Aujourd'hui, il a des rendez-vous.
   ▶ **Mais hier, il n'a pas eu de rendez-vous.**
2. Aujourd'hui, il y a une party.
3. Aujourd'hui, vous faites la grasse matinée.
4. Aujourd'hui, je dois travailler.
5. Aujourd'hui, tu veux rester à la maison.
6. Aujourd'hui, vous dites oui.
7. Aujourd'hui, elle est en retard.
8. Aujourd'hui, ils comprennent.
9. Aujourd'hui, elles peuvent sortir.

E mais pourquoi?

1. Je n'ai pas fait mon travail.
   ▶ **Mais pourquoi n'as-tu pas fait ton travail?**
2. Elle n'a pas voulu partir.
3. J'ai appris à sauter en parachute.
4. Il y a eu trop d'interruptions.
5. Nous avons dit non.
6. Charles a pris rendez-vous chez le dentiste.
7. Ils n'ont pas pu venir.
8. Robert a dû travailler.
9. Il n'a pas eu de bonnes notes.
10. Nous ne sommes pas allés à la party.

F dire ou pouvoir?

Complète avec la forme correcte de **pouvoir** ou de **dire** au présent.

1. Mes amis ne … pas venir avec moi.
2. Le professeur nous … de commencer le test.
3. Tu ne … pas aller au match final de la coupe Stanley? Quel dommage!
4. … à Michel de rapporter ses chaussettes de gymnastique!
5. …-je sortir ce soir, papa?
6. Ses parents … souvent non.
7. On … souvent des choses qu'on regrette.
8. …-vous me conseiller? J'ai de mauvaises notes.
9. Nous leur … de parler français.
10. Elle … que c'est vrai. Moi, je … que c'est faux.
11. Que …-vous? Je ne comprends pas.
12. Nous ne … pas sortir ce week-end.

G les bons mots!

Choisis le bon mot pour compléter les phrases.

fatigué	billets	bonne chance	conseils
goûts	messages	lendemain	point de vue
parachute	lit	malheureux	
médecin	boulangerie	bonjour	

1. Quand on va au théâtre, on a besoin de … .
2. Quand on fait la grasse matinée, on reste au … .
3. Quand on veut acheter du pain, on va à la … .
4. Quand on saute d'un avion, on a besoin d'un … .
5. Quand on est très malade, on téléphone au … .
6. Quand on n'est pas content, on est … .
7. Quand on rencontre un ami, on lui dit … .
8. Quand on rentre très tard, on est fatigué le … .
9. Quand on veut encourager des amis, on leur dit … .
10. Quand on est essoufflé, on est souvent … aussi.
11. Quand on a des problèmes, on peut demander des … .
12. Quand le directeur n'est pas là, la secrétaire doit prendre des … .
13. Quand on aime les mêmes choses, on a les mêmes … .
14. Quand on a une opinion, on a un … .

H prenons un pronom!

Remplace les mots en caractères gras par **le**, **la**, **l'**, **les**, **lui** ou **leur**.

1. Elle parle **à son conseiller**.
2. Voici **les billets**.
3. Quand prenez-vous **vos vacances**?
4. Nous devons téléphoner **à Jean-Paul**.
5. Jacques n'aime pas **Marie**.
6. Est-ce que tu veux rencontrer **ce cascadeur**?
7. Je donne souvent des fleurs **à mes parents**.
8. Le professeur distribue **les tests**.
9. Comment trouves-tu **la pièce**?
10. Mais non, je n'ai pas **le dictionnaire**.
11. Pourquoi regarde-t-il **le plafond**?
12. Jeannette aime donner des conseils **à ses deux frères**.
13. Tu parles **à Marie**?
14. Non, je ne téléphone pas **au médecin**.

I des mots aux phrases

1. doivent / ils / nous / téléphoner
   ▶ **Ils doivent nous téléphoner.**
2. acheter / Paul / les / va
3. commencer / de / dit / le professeur / nous
4. préférons / devant l'école / nous / attendre / vous
5. donner / Mireille / le message / va / leur
6. Jacques / donner des conseils / leur / doit
7. le conseiller / poser des questions / te / veut
8. me / ne / téléphone / jamais / on
9. nous / le / pas / pouvons / ne / faire
10. puis / lui / je / demander

J oui et non

1. Peux-tu faire cet exercice?
   ▶ **Oui, bien sûr, je peux le faire.**
   ▶ **Mais non, je ne peux pas le faire.**
2. Vas-tu acheter ce portefeuille?
3. Pouvez-vous téléphoner à Paul?
4. Aimes-tu parler à tes voisins?
5. Voulez-vous faire ce travail?
6. Allez-vous manger cette tarte?
7. Veux-tu apporter la planche à surfing?
8. Devez-vous demander à vos parents?
9. Peux-tu expliquer le problème?
10. Dois-tu finir tes devoirs?

K adverbes et adjectifs

Donne l'adverbe ou l'adjectif qui correspond à chaque mot.

1. probable
2. rapide
3. seulement
4. lent
5. normalement
6. généralement
7. facile
8. calmement
9. naturellement
10. juste
11. dangereux
12. délicieusement
13. sérieux
14. vraiment
15. malheureusement

L phrases à go-go

Fais des phrases avec les mots suivants:
(a) au présent, (b) au passé composé.

1. Robert / préférer / manger / restaurant
   ▶ **Robert préfère manger au restaurant.**
   ▶ **Robert a préféré manger au restaurant.**
2. mon professeur / finir / distribuer / tests
3. tu / aller / chercher / ton petit frère / crèche / ?
4. vous / devoir / lui / demander
5. nous / oublier / rapporter / chaussettes
6. elle / ne / avoir / jamais / temps / manger
7. je / aimer / beaucoup / vous / parler
8. mes amis / vouloir / faire partie / équipe
9. ses parents / dire / toujours / rentrer / heure
10. vous / pouvoir / comprendre / message / ?
11. il / décider / partir / seul
12. ils / vouloir / aller / restaurant

M les adjectifs

Donne la forme féminine de chaque adjectif.

1. jaloux
2. prochain
3. malheureux
4. certain
5. fatigué
6. dangereux
7. âgé
8. délicieux
9. sérieux
10. mort
11. épais
12. impatient
13. final
14. prêt
15. excellent
16. gonflé

N les mots qui manquent

un, une, des, du, de la, de l', de, d', le, la, l', les, au, à la, à l', aux

1. Il n'aime pas … oignons.
2. Veux-tu un peu … sel?
3. Je vais prendre une glace … vanille.
4. Il n'y a pas … poulet ce soir.
5. As-tu apporté … livre que j'ai commandé?
6. Ça, ce n'est pas … gâteau; c'est … tarte.
7. C'est … gars gonflé!
8. Il doit faire tous … exercices.
9. Mon petit frère ne va pas encore … école.
10. Il n'y a pas … fromage dans ce cheeseburger!
11. Non, vraiment, je n'ai pas … argent.
12. Ça, c'est … essentiel.
13. Vas-tu aller … match final?
14. J'adore la soupe … oignon.
15. Maman a préparé une tarte … pommes.
16. Que préfères-tu? … gâteau ou … glace?
17. J'aime faire … planche à roulettes.
18. Voulez-vous … frites avec votre hamburger?
19. Je prends toujours … eau avec mes repas.
20. Qu'est-ce que tu préfères? … voiture rouge ou … voiture orange?

O l'élimination des mots

Quel mot ne va pas?

1. exaspéré, calme, nerveux, irrité
2. les dents, les bras, les lunettes, les jambes
3. un lait frappé, un Coca-cola, une orangeade, un poulet
4. un bulletin de notes, une chaussette, un test, des devoirs
5. une jambe, un coiffeur, une infirmière, un dentiste
6. la moutarde, des oignons, un parachute, du ketchup
7. le conseiller, le karaté, le moto-cross, le saut à skis
8. un conseil, un job, un emploi, un travail

P la conjonction <u>que</u>

Utilise la conjonction **que** pour faire des phrases.

1. Vous devez manger. Je dis cela.
   ▶ **Je dis que vous devez manger.**
2. Le test est pour mardi. Le professeur annonce cela.
3. Mon frère a gagné la course. Je pense cela.
4. Elle ne prend jamais de Coca-cola. Il oublie toujours cela.
5. Ces devoirs sont faciles. Nous trouvons cela.
6. C'est faux. Vous répondez cela.
7. Cela est très simple. Je veux vous montrer cela.
8. Ils n'ont pas le temps. Ils nous expliquent cela.
9. Le problème est trop difficile. On décide cela.
10. Marc ne l'aime pas. Elle va comprendre cela.
11. C'est délicieux. Je t'assure cela.
12. On ne doit pas être jaloux. Il nous dit cela.

Q la même chose!

1. **en ce moment**	nous
2. un job	vous voulez
3. rapidement	un médecin
4. ça fait	**maintenant**
5. selon	vite
6. vous désirez	ça coûte
7. une partie	un emploi
8. on	ça suffit
9. un docteur	un match
10. c'est assez	d'après

R au contraire!

1. **content**	apporter
2. lentement	calme
3. entrer	à emporter
4. emporter	rapidement
5. avant	avec
6. nerveux	**malheureux**
7. à manger ici	monter
8. sans	bien sûr
9. pas du tout	après
10. descendre	sortir

tout ensemble!

A les associations

Quelles idées vont ensemble?

1. **une secrétaire**
2. la grasse matinée
3. un hôpital
4. un acteur
5. un parachute
6. un cascadeur
7. un père
8. jouer de
9. irrité
10. une crèche
11. une voiture
12. un lait frappé
13. patiner
14. des céréales
15. un musicien
16. jouer au
17. un laveur de vitres
18. une fortune

un orchestre
le petit déjeuner
de l'argent
la guitare
la vanille
samedi matin
le hockey
un avion
des fenêtres
le billard
dangereux
un bureau
fâché
une mère
une pièce
des petits enfants
en panne
le service des urgences

B questions et réponses

Voici des réponses. Quelles sont les questions?

1. J'ai rendez-vous **chez le dentiste**.
   ▶ **Où as-tu rendez-vous?**
2. Elles sont rentrées **à pied**.
3. Il est **deux heures moins le quart**.
4. Elle est irritée **à cause des interruptions**.
5. Il est arrivé **vers trois heures**.
6. Elle est tombée **dans la rue**.
7. Je cherche **le conseiller**.
8. Le professeur distribue **des tests**.
9. Nous sommes rentrés avec **nos parents**.
10. Je m'appelle **Paul Legrand**.
11. Nous habitons **au 32, rue Papineau**.
12. Je ne veux pas aller **parce que je suis trop fatigué**!
13. Ça fait **cinq dollars**.
14. C'est **André Lemieux** qui a gagné.

C au contraire!

Trouve les expressions contraires.

1. **fâché**
2. commencer
3. calme
4. perdre
5. jeune
6. premier
7. partir
8. monter
9. un mari
10. une question
11. sortir
12. bon
13. vrai
14. aller

entrer
une réponse
descendre
une femme
arriver
content
nerveux
mauvais
dernier
faux
trouver
venir
finir
âgé

D quel verbe? quelle forme?

Choisis un verbe de la liste et complète chaque phrase au présent. Après, complète les phrases au passé composé.

arriver, apprendre, attendre, choisir, désirer, devoir, dire, perdre, pouvoir, sortir, vouloir, prendre, jouer

1. Ce matin, mon copain ... à l'école en retard.
2. Il ... le français à l'école.
3. Est-ce que tu ... le rôle du détective?
4. Nous ne ... pas aller au cinéma.
5. Ils ne ... pas nous aider.
6. Elle ... avec Jean-Paul ce soir.
7. Mes parents ... toujours non!
8. Vous ... vos amis à l'entrée?
9. Paul ... son portefeuille encore.
10. Pardon? Qu'est-ce que tu ...?
11. Elle ... acheter des lunettes.
12. Je ne ... pas le faire.
13. Que ...-vous comme boisson?
14. Je ne ... pas avoir de mauvaises notes!
15. Jacqueline ... que c'est vrai.

E du tac au tac

Choisis, dans la liste B, la meilleure réaction aux expressions dans la liste A.

liste A

1. Oh, excusez-moi!
2. Je vais sauter en parachute!
3. Allô, oui?
4. Tes notes ne sont pas très bonnes!
5. Désolé, mais il n'est pas là.
6. C'est combien, s'il vous plaît?
7. Il est tombé du deuxième étage!
8. Merci beaucoup!
9. C'est à manger ici?
10. C'est formidable, n'est-ce pas?
11. Mon père parle douze langues!
12. Mais, je n'ai pas oublié les billets!
13. Vous voulez quelque chose à manger?
14. Il n'a pas l'air content.
15. J'adore le vinaigre sur mes frites!

liste B

Il n'y a pas de quoi.
Richard Lamotte à l'appareil!
Oh, il est toujours malheureux!
Ça, c'est l'essentiel!
Et comment! J'adore ça!
Non, c'est à emporter.
Pas possible! Tu exagères!
Chacun son goût!
Ça fait dix dollars.
Il est à l'hôpital, sans doute.
Ce n'est pas grave.
Non, merci. Un lait frappé seulement.
Mais je fais de mon mieux!
Puis-je laisser un message?
Bonne chance!

F les participes passés

1. dire ▶ **dit**
2. expliquer
3. perdre
4. choisir
5. pouvoir
6. venir
7. partir
8. continuer
9. être
10. avoir
11. faire
12. réussir
13. devoir
14. comprendre
15. aller
16. sortir
17. vouloir
18. finir
19. attendre
20. prendre

G avoir ou être?

Remplace le verbe dans la phrase par le verbe donné. Est-ce que tu dois utiliser **avoir** ou **être** avec le participe passé?

1. Est-il tombé du premier étage? (sauter)
2. Elles sont descendues rapidement. (monter)
3. Elle n'a pas dansé avec Marc. (sortir)
4. Nous avons dîné à sept heures. (arriver)
5. Qu'est-ce que vous avez choisi? (décider)
6. Paul a plongé deux fois. (tomber)
7. Où sont-ils allés? (manger)
8. Elle est restée chez moi. (venir)
9. Pourquoi est-ce que Monique a attendu? (partir)
10. Il n'est pas encore rentré. (téléphoner)

H au passé composé, S.V.P!

1. Cette classe commence à 1 h 00.
2. Elles ne descendent pas souvent en ville.
3. Cet été, il joue beaucoup aux échecs.
4. On ne monte jamais à la tour CN.
5. Prend-il rendez-vous chez le dentiste?
6. Il a des difficultés en maths.
7. Nous arrivons plus tard que nos amis.
8. Il ne trouve pas les toilettes.
9. Les étudiants comprennent le passé composé.
10. Qu'est-ce que tu dois faire?
11. Tu ne veux jamais aller au théâtre.
12. Ma grand-mère ne peut pas venir.
13. Pourquoi va-t-elle chez le médecin?
14. Mais si, j'adore le poulet rôti!
15. Elle rentre plus tard que nous.

I jouer, jouer à ou jouer de?

1. Le cascadeur ... un rôle très dangereux.
2. Paul veut apprendre à ... guitare.
3. À la crèche, les enfants ... toute la journée.
4. Il ... football tous les week-ends.
5. Tu veux ... cartes ce soir?
6. Il ne peut pas ... golf à cause de son bras cassé.
7. Elle apprend à ... tennis et elle ... déjà très bien!
8. Ça fait déjà trois ans qu'il ... piano.

J1 les suggestions

1. marcher plus vite
   - ▶ **Marche plus vite!**
   - ▶ **Marchons plus vite!**
   - ▶ **Marchez plus vite!**
2. parler plus fort
3. arrêter tout de suite
4. aller au cinéma
5. finir le travail
6. être sérieux
7. descendre lentement
8. attendre un peu

J2 attention!

1. oublier de téléphoner
   - ▶ **N'oublie pas de téléphoner!**
   - ▶ **N'oublions pas de téléphoner!**
   - ▶ **N'oubliez pas de téléphoner!**
2. parler si fort
3. être si nerveux
4. raconter cette histoire
5. partir sans dire au revoir
6. manger trop
7. oublier d'arriver à l'heure
8. perdre la partie

K la même chose!

Trouve les mots ou les expressions équivalents!

1. **certainement**	sans blague!
2. navré	rapidement
3. irrité	ça coûte combien?
4. pas vrai!	de rien
5. ça fait combien?	ça suffit!
6. sensass	à mon avis
7. vite	un médecin
8. il n'y a pas de quoi	tu veux
9. selon moi	**bien sûr**
10. c'est assez	à cet instant
11. tu désires	le futur
12. un docteur	extra
13. l'avenir	désolé
14. dernier	exaspéré
15. en ce moment	final

L les professions

Pour chaque suggestion, trouve une profession!

1. l'hôpital ▶ **un docteur**
2. les dents
3. les fenêtres
4. les scènes dangereuses
5. une pièce de théâtre
6. le service des urgences
7. un bureau
8. une école
9. les chansons
10. un avion
11. les lettres ou les paquets
12. les repas

M l'élimination des mots

Quel mot ne va pas avec les autres?

1. moutarde, sel, sucre, sardine
2. actrice, surprise, infirmière, secrétaire
3. plafond, guitare, piano, banjo
4. fils, employé, mari, soeur
5. chaussette, pantalon, pente, robe
6. choc, nom, mot, adjectif
7. jambe, bras, goût, pied
8. question, tarte, réponse, suggestion
9. musée, hôpital, école, histoire
10. acteur, cloche, répétition, pièce

N les adverbes et les adjectifs

1. certainement ▶ **certain, certaine**
2. normalement
3. malheureusement
4. seulement
5. dernièrement
6. nerveusement
7. prochainement
8. dangereusement
9. finalement
10. premièrement

O vous désirez?

Remplace les mots en caractères gras.

1. Je désire une glace **à la banane**. (chocolat)
2. Allez-vous prendre la tarte **au sucre**? (pommes)
3. Un lait frappé **au chocolat**, s'il vous plaît. (vanille)
4. Nous prenons les hamburgers avec **du ketchup**. (moutarde)
5. Mais moi, je n'aime pas **la moutarde**! (oignons)
6. Je ne veux pas **d'oignons** non plus! (frites)
7. Pour le dîner, j'ai mangé **de la soupe**. (poulet)
8. Avez-vous choisi **le sandwich sous-marin**? (pizza)

P que ou qu'est-ce que?

1. ... vous avez fait ce week-end?
2. ... tu vas faire cet été?
3. ... prend-il dans son café?
4. ... ils attendent?
5. ... tu veux?
6. ... désirez-vous comme dessert?
7. ... il est allé chercher?
8. ... pouvez-vous faire?
9. ... vas-tu commander?
10. ... elles ont oublié?

Q les adjectifs

Fais des phrases avec tous les adjectifs au singulier et au pluriel. Utilise l'adjectif **ce** pour commencer la phrase!

1. boîte: petit
   ▶ **Cette boîte est petite.**
   ▶ **Ces boîtes sont petites.**
2. actrice: nerveux, calme, beau
3. cascadeur: gonflé, essoufflé, fatigué
4. idée: bon, excellent, nouveau
5. pizza: bon, épais, délicieux
6. conseillère: irrité, impatient, exaspéré
7. fille: jaloux, fâché, malheureux
8. film: violent, dramatique, excellent
9. robe: joli, blanc, nouveau

R qui ou que?

1. Regarde, voici les lunettes ... je veux acheter!
2. C'est Robert ... est arrivé le premier.
3. Où sont les exercices ... nous devons faire?
4. Comment s'appelle le conseiller ... travaille ici?
5. J'ai une copine ... danse très bien.
6. Voilà le problème ... je n'ai pas pu faire.
7. Je n'aime pas les pièces ... sont ennuyeuses.
8. Est-ce que c'est vous ... avez pris le message?
9. Voici le livre ... tu as demandé.
10. C'est un sport ... je ne peux pas comprendre.

s pas du tout!

1. bon/pièce ▶ **Ce n'est pas une bonne pièce!**
2. gars/sympa ▶ **Ce n'est pas un gars sympa!**
3. problème/petit
4. sport/dangereux
5. pilote/âgé
6. dentiste/nerveux
7. histoire/intéressant
8. message/urgent
9. bulletin/bon
10. invention/nouveau
11. surprise/grand
12. fortune/gros
13. actrice/nerveux
14. pente de ski/beau

T les pronoms objets

Remplace les mots en caractères gras par **le**, **la**, **l'**, **les**, **lui** ou **leur**.

1. Nous apprécions beaucoup **cet acteur**.
2. Elle ne commande pas **la soupe à l'oignon**.
3. Jacques ne peut pas améliorer **ses notes**.
4. Est-ce que tu vas faire **tes devoirs**?
5. Mes parents ne vont pas téléphoner **à mon cousin**.
6. Ils veulent expliquer leur suggestion **à Paul**.
7. Chantal ne veut pas oublier **son portefeuille**.
8. Elle conseille **à son frère** de devenir médecin.
9. Attend-il **sa copine**?
10. Doit-il parler **au conseiller**?
11. Le professeur dit **aux étudiants** de parler plus fort.
12. Il n'oublie jamais **son parachute**.

U les activités

1. le ski ▶ – **Aimes-tu faire du ski?**
              – **Et comment! J'adore ça!**
2. la photo
3. le saut à skis
4. la planche à roulettes
5. le moto-cross
6. le saut en parachute
7. la bicyclette
8. les achats
9. la moto

v R.S.V.P!

Réponds à l'affirmative et à la négative! Utilise un pronom dans chaque réponse!

1. Alors, est-ce que tu vas téléphoner à Pierre?
2. Aimez-vous les sports dangereux?
3. Veulent-ils demander à leurs parents?
4. Veux-tu m'aider?
5. Pouvez-vous nous attendre?
6. Puis-je t'aider?
7. Est-ce qu'ils vont finir la partie?
8. Oublie-t-elle toujours ses lunettes?

w tout est relatif!

Utilise la conjonction **que** pour faire des phrases.

1. Le professeur annonce: «Ces exercices sont difficiles!»
   ▶ **Le professeur annonce que ces exercices sont difficiles.**
2. Mon frère dit: «Ce sport est trop dangereux!»
3. On dit souvent: «Chaque jour apporte des surprises!»
4. Elle explique: «Les acteurs ne sont pas encore prêts!»
5. Il répond: «Paul n'a pas le temps!»
6. Ma mère annonce: «On va partir bientôt!»

x le verbe et l'infinitif

Remplace le verbe dans la phrase par le verbe donné.

1. Il n'**aime** pas faire ces exercices. (vouloir)
2. J'ai **arrêté** de faire du moto-cross. (décider)
3. Monique n'**a pas eu le temps** de téléphoner. (oublier)
4. Elle **va** aller chez le dentiste. (détester)
5. Nous **apprenons** à jouer au billard. (commencer)
6. On nous **demande** de sortir. (dire)
7. Je **veux** lui parler après les classes. (aller)
8. Vous **avez oublié** de raconter l'histoire? (finir)

y à toi de décider!

1. Quand on a faim, on va (à l'hôpital, à une course, au restaurant).
2. Quand on est essoufflé, on est (fatigué, calme, cassé).
3. Quand on est malade, on prend rendez-vous (chez le conseiller, chez le médecin, au supermarché).
4. Quand on a besoin d'argent, on peut chercher (une station de métro, un emploi, les toilettes).
5. Quand on descend une pente, on va (lentement, franchement, rapidement).
6. Quand on a un petit frère, on doit souvent aller le chercher (à la crèche, au musée, à la pizzeria).
7. Quand on désire des conseils, on peut demander (à un cascadeur, à un laveur de vitres, au courrier du coeur).
8. Quand on a soixante-douze ans, on est (âgé, jeune, mort).
9. Quand on a beaucoup de courage, on est (seul, fou, gonflé).
10. Quand on plonge les dix mètres, on est (au service des urgences, aux toilettes, à la piscine).

z questions personnelles

1. Qu'est-ce que tu as fait le week-end dernier?
2. Qu'est-ce que tu as fait l'été dernier?
3. Où es-tu déjà allé en vacances?
4. Qu'est-ce que tu vas faire cet été?
5. Quand, où et avec qui est-ce que tu sors?
6. Qu'est-ce que tu aimes faire quand il pleut?
7. Qu'est-ce que tu aimes regarder à la télé?
8. Quels sports préfères-tu? Pourquoi?
9. Quels livres et quels films aimes-tu? Pourquoi?
10. Est-ce que tu aimes aller au restaurant? Où?
11. Quel est ton repas favori?
12. Quels sont tes projets d'avenir?
13. Qu'est-ce que tu veux devenir?
14. Que penses-tu des conseils qu'on donne aux jeunes?

grammaire

1 les adjectifs

singulier		pluriel	
masculin	**féminin**	**masculin**	**féminin**
aimable	aimable	aimables	aimables
blond	blonde	blonds	blondes
• joli	jolie	jolis	jolies
occupé	occupée	occupés	occupées
• beau (bel)†	belle	beaux	belles
blanc	blanche	blancs	blanches
• bon	bonne	bons	bonnes
canadien	canadienne	canadiens	canadiennes
• ce (cet)†	cette	ces	ces
• cher	chère	chers	chères
★ ennuyeux	ennuyeuse	ennuyeux	ennuyeuses
épais	épaisse	épais	épaisses
favori	favorite	favoris	favorites
fou (fol)†	folle	fous	folles
• gros	grosse	gros	grosses
jaloux	jalouse	jaloux	jalouses
• nouveau (nouvel)†	nouvelle	nouveaux	nouvelles
• premier	première	premiers	premières
• quel	quelle	quels	quelles
• tout	toute	tous	toutes
violet	violette	violets	violettes

• Devant le nom. D'autres adjectifs qui précèdent le nom:
autre, dernier, grand, jeune, mauvais, même, petit, seul.

★ D'autres adjectifs comme **ennuyeux: dangereux, délicieux,
malheureux, nerveux, sérieux.**

† Devant une voyelle.

Des → de (d') devant un adjectif pluriel qui précède le nom:
de mauvaises notes, d'autres amis.

2 les adjectifs possessifs

singulier		pluriel
masculin	féminin	masculin ou féminin
mon père	**ma** mère	**mes** parents
ton père	**ta** mère	**tes** parents
son père	**sa** mère	**ses** parents
notre père	**notre** mère	**nos** parents
votre père	**votre** mère	**vos** parents
leur père	**leur** mère	**leurs** parents

Devant une voyelle: **mon école, ton auto, son amie, mon horloge**, etc.

3 les adverbes

alors	bien★	encore★	maintenant	puis	toujours★
après	bientôt	enfin	mal	quand	très
assez★	combien	ensemble	moins	quelquefois	trop★
aujourd'hui	déjà★	fort	peu	souvent★	vite
beaucoup★	demain	hier	plus	tard	vraiment★

adjectifs	adverbes
certain, certaine	⟶ certaine**ment**
malheureux, malheureuse	⟶ malheureuse**ment**
seul, seule	⟶ seule**ment**

★Au passé, ces adverbes précèdent le participe passé:
J'aime beaucoup la pièce. → **J'ai beaucoup aimé la pièce.**

4 l'article indéfini

	singulier	pluriel
masculin	**un** garçon	**des** garçons
	un homme	**des** hommes
féminin	**une** fille	**des** filles
	une femme	**des** femmes

Pour indiquer la profession d'une personne, pas d'article:
M. Martin est conseiller.

5 l'article défini

	singulier	pluriel
masculin	**le** musée	**les** musées
	l'ascenseur	**les** ascenseurs
féminin	**la** pièce	**les** pièces
	l'ambulance	**les** ambulances

6 l'article partitif

masculin	féminin
Il mange **du** gâteau.	Je prends **de la** salade.
Tu veux **de l'**oignon.	Voici **de l'**eau.

7 les expressions de quantité

J'ai **assez d'**argent.

Il fait **peu de** sport.

Elle a **trop de** devoirs.

J'ai **beaucoup d'**amis.

Combien de frères as-tu?

Un verre de lait, S.V.P!

Avez-vous **un litre de** lait?

Tu as **une paire de** jeans?

J'ai **plus de** temps aujourd'hui.

Il mange **moins de** bonbons.

Avec une expression de quantité, on utilise **de (d')** devant un nom.

8 la négation

phrases affirmatives	phrases négatives
J'ai assez d'argent.	→ Je **n'**ai **pas** assez d'argent
J'ai été en ville.	→ Je **n'**ai **pas** été en ville.
Il a un parachute.	→ Il **n'**a **pas** de parachute.
Elle achète une guitare.	→ Elle **n'**achète **pas** de guitare.
Il a fait du ski.	→ Il **n'**a **jamais** fait de ski.
Il y a de la glace.	→ Il **n'**y a **pas** de glace.
Tu veux de l'oignon?	→ Tu **ne** veux **pas** d'oignon?
On a mangé des bonbons.	→ On **n'**a **jamais** mangé de bonbons.
Il y a eu une interruption.	→ Il **n'**y a **pas** eu d'interruption.
J'ai regardé un film.	→ Je **n'**ai **pas** regardé de film.

Dans une phrase négative, **un**, **une**, **du**, **de la**, **de l'** et **des** changent à **de (d')**, si le verbe n'est pas **être**.

C'est une ambulance. → Ce n'est pas une ambulance.

C'est du chocolat. → Ce n'est pas du chocolat.

9 les pronoms sujets

D'où est **M. Lambert**?	→ **Il** est de Montréal.
Marie a combien de frères?	→ **Elle** a deux frères.
Où sont **Paul et Marc**?	→ **Ils** sont au théâtre.
Où vont **Lise et Claire**?	→ **Elles** vont au match.
Que font **Anne et Guy**?	→ **Ils** font leurs devoirs.
Comment est **le fromage**?	→ **Il** est excellent.
Il n'y a pas de **moutarde**?	→ Mais si, **elle** est sur la table.
Quand est-ce que **tu** pars?	→ **Je** pars à huit heures.
Vous voulez du vin, madame?	→ Non, merci, **je** prends un café.
Vous écoutez, les élèves?	→ Oui, **nous** écoutons.
Quand partons-**nous**?	→ **On** part à cinq heures.

10 les pronoms objets

Elle prend **le métro**?	→ Oui, elle **le** prend.
Où est **sa moto**?	→ **La** voilà.
As-tu **ton livre**?	→ Oui, je **l'**ai.
Aiment-ils **les oignons**?	→ Non, ils ne **les** aiment pas.
Vas-tu parler **au directeur**?	→ Oui, je vais **lui** parler.
Donne-t-il un disque **à Lise**?	→ Oui, il **lui** donne un disque.
Elle parle **aux acteurs**?	→ Non, elle ne **leur** parle pas.
Est-ce que tu **m'**aimes?	→ Bien sûr, je **t'**aime!
Tu peux **me** téléphoner ce soir?	→ Non, je ne peux pas **te** téléphoner.
Où est-ce qu'on **nous** attend?	→ On **vous** attend devant l'école.

11 les pronoms relatifs

C'est mon frère **qui** a gagné la course.

Quelle est l'émission **qui** commence à neuf heures?

J'ai des amis **qui** n'ont jamais assez d'argent.

Où est la blouse **que** tu vas porter?

Voici les disques **que** je veux acheter.

Le vin **qu'**il commande coûte beaucoup d'argent.

12 les mots interrogatifs

Qui est-ce qui joue? ⟶ **Qui** joue?

Qui est-ce que tu invites? ⟶ **Qui** invites-tu?

Qu'est-ce que tu prends? ⟶ **Que** prends-tu?

Pourquoi est-ce que tu pars? ⟶ **Pourquoi** pars-tu?

Où est-ce qu'on va? ⟶ **Où** va-t-on?

Quand est-ce qu'elle sort? ⟶ **Quand** sort-elle?

Comment est-ce qu'il s'appelle? ⟶ **Comment** s'appelle-t-il?

Quel disque **est-ce que** tu aimes? ⟶ **Quel** disque aimes-tu?

Combien de messages **est-ce qu'**il y a? ⟶ **Combien** de messages y a-t-il?

Combien de temps **est-ce que** vous avez? ⟶ **Combien de** temps avez-vous?

Attention! **Qu'est-ce qui** arrive?

13 la préposition de (la possession)

J'ai trouvé le portefeuille **de** Jean.

Est-ce le parachute **du** cascadeur?

Elle est allée au bureau **de la** conseillère.

Les lunettes **de l'**infirmier sont cassées.

Les notes **des** élèves sont excellentes!

14 la préposition à

Le train est arrivé **à** Montréal.

As-tu demandé **au** docteur?

Je prends une glace **à la** vanille.

Pierre a dû rester **à l'**hôpital.

Mlle Gendron parle **aux** acteurs et **aux** actrices.

15 les verbes et l'infinitif

verbe + infinitif

Elle **adore voyager**.
Aimes-tu **jouer** aux cartes?
Paul **aime mieux partir** plus tard.
Nous **sommes allés faire** du ski.
Vous **désirez prendre** le train?
Je **déteste attendre** l'autobus.
Elle **a dû finir** ses devoirs.
Je ne **peux** pas **trouver** mes souliers.
Il **a préféré sortir** avec Lise.
On **veut écouter** de la musique.

verbe + de + infinitif

Arrête de parler!
Je n'**ai** pas **le temps d'attendre**.
On **a décidé de partir**.
Le prof **a dit de faire** l'exercice.
Il **est en train de préparer** le dîner.
On ne **finit** jamais **d'apprendre**.
Vous **avez oublié de passer** à l'épicerie.
Nous **regrettons d'être** en retard.
Demande au conseiller **de t'aider**.
As-tu **continué de jouer**?

verbe + à + infinitif

Tu m'**aides à faire** la vaisselle?
J'**ai appris à patiner**.
Il **commence à être** vraiment jaloux.
Recommençons à parler français!
A-t-on **réussi à gagner** le match?
Demande à aller aux toilettes.
As-tu **continué à jouer**?

16   les questions

l'intonation

Tu as une excuse?

C'est un hôpital?

Elle va au théâtre?

est-ce que

Est-ce que tu as une excuse?

Est-ce que c'est un hôpital?

Est-ce qu'elle va au théâtre?

l'inversion

As-tu une excuse?

Est-ce un hôpital?

Va-<u>t</u>-elle au théâtre?

17   les verbes réguliers

au présent

parl**er**	fin**ir**	vend**re**
je parle	je finis	je vends
tu parles	tu finis	tu vends
il parle	il finit	il vend
elle parle	elle finit	elle vend
nous parlons	nous finissons	nous vendons
vous parlez	vous finissez	vous vendez
ils parlent	ils finissent	ils vendent
elles parlent	elles finissent	elles vendent

-cer	**annoncer**	nous annon**ç**ons
	commencer	nous commen**ç**ons

-ger	**changer**	nous chang**e**ons
	manger	nous mang**e**ons
	nager	nous nag**e**ons
	plonger	nous plong**e**ons
	ranger	nous rang**e**ons
	voyager ·	nous voyag**e**ons

acheter

j'achète	nous achetons
tu achètes	vous achetez
il achète	ils achètent
elle achète	elles achètent

préférer

je préfère	nous préférons
tu préfères	vous préférez
il préfère	ils préfèrent
elle préfère	elles préfèrent

répéter

je répète	nous répétons
tu répètes	vous répétez
il répète	ils répètent
elle répète	elles répètent

au présent

aller	avoir	devoir	dire
je vais	j'ai	je dois	je dis
tu vas	tu as	tu dois	tu dis
il va	il a	il doit	il dit
elle va	elle a	elle doit	elle dit
nous allons	nous avons	nous devons	nous disons
vous allez	vous avez	vous devez	vous dites
ils vont	ils ont	ils doivent	ils disent
elles vont	elles ont	elles doivent	elles disent

être	faire	partir	pouvoir
je suis	je fais	je pars	je peux
tu es	tu fais	tu pars	tu peux
il est	il fait	il part	il peut
elle est	elle fait	elle part	elle peut
nous sommes	nous faisons	nous partons	nous pouvons
vous êtes	vous faites	vous partez	vous pouvez
ils sont	ils font	ils partent	ils peuvent
elles sont	elles font	elles partent	elles peuvent

prendre*	sortir	venir	vouloir
je prends	je sors	je viens	je veux
tu prends	tu sors	tu viens	tu veux
il prend	il sort	il vient	il veut
elle prend	elle sort	elle vient	elle veut
nous prenons	nous sortons	nous venons	nous voulons
vous prenez	vous sortez	vous venez	vous voulez
ils prennent	ils sortent	ils viennent	ils veulent
elles prennent	elles sortent	elles viennent	elles veulent

*comme **prendre**: apprendre, comprendre

19 l'impératif (verbes réguliers)

parler	finir	vendre
parle	finis	vends
parlons	finissons	vendons
parlez	finissez	vendez

20 l'impératif (verbes irréguliers)

aller	avoir	dire	être	faire	partir	prendre	sortir	venir
va	aie	dis	sois	fais	pars	prends	sors	viens
allons	ayons	disons	soyons	faisons	partons	prenons	sortons	venons
allez	ayez	dites	soyez	faites	partez	prenez	sortez	venez

21 le passé composé (verbes réguliers)

avec <u>avoir</u>

parler	finir	vendre
j'ai parlé	j'ai fini	j'ai vendu
tu as parlé	tu as fini	tu as vendu
il a parlé	il a fini	il a vendu
elle a parlé	elle a fini	elle a vendu
nous avons parlé	nous avons fini	nous avons vendu
vous avez parlé	vous avez fini	vous avez vendu
ils ont parlé	ils ont fini	ils ont vendu
elles ont parlé	elles ont fini	elles ont vendu

avec <u>être</u>

arriver*	descendre
je suis arrivé(e)	je suis descendu(e)
tu es arrivé(e)	tu es descendu(e)
il est arrivé	il est descendu
elle est arrivée	elle est descendue
nous sommes arrivé(e)s	nous sommes descendu(e)s
vous êtes arrivé(e)(s)	vous êtes descendu(e)(s)
ils sont arrivés	ils sont descendus
elles sont arrivées	elles sont descendues

*comme **arriver: entrer, monter, rentrer, rester, retourner, tomber**

le passé composé (verbes irréguliers)

avec <u>avoir</u>

avoir	**devoir**	**dire**	**être**
j'ai eu	j'ai dû	j'ai dit	j'ai été
tu as eu	tu as dû	tu as dit	tu as été
il a eu	il a dû	il a dit	il a été
elle a eu	elle a dû	elle a dit	elle a été
nous avons eu	nous avons dû	nous avons dit	nous avons été
vous avez eu	vous avez dû	vous avez dit	vous avez été
ils ont eu	ils ont dû	ils ont dit	ils ont été
elles ont eu	elles ont dû	elles ont dit	elles ont été

prendre	**faire**	**pouvoir**	**vouloir**
j'ai pris	j'ai fait	j'ai pu	j'ai voulu
tu as pris	tu as fait	tu as pu	tu as voulu
il a pris	il a fait	il a pu	il a voulu
elle a pris	elle a fait	elle a pu	elle a voulu
nous avons pris	nous avons fait	nous avons pu	nous avons voulu
vous avez pris	vous avez fait	vous avez pu	vous avez voulu
ils ont pris	ils ont fait	ils ont pu	ils ont voulu
elles ont pris	elles ont fait	elles ont pu	elles ont voulu

avec <u>être</u>

aller	**partir**	**sortir**	**venir**
je suis allé(e)	je suis parti(e)	je suis sorti(e)	je suis venu(e)
tu es allé(e)	tu es parti(e)	tu es sorti(e)	tu es venu(e)
il est allé	il est parti	il est sorti	il est venu
elle est allée	elle est partie	elle est sortie	elle est venue
nous sommes allé(e)s	nous sommes parti(e)s	nous sommes sorti(e)s	nous sommes venu(e)s
vous êtes allé(e)(s)	vous êtes parti(e)(s)	vous êtes sorti(e)(s)	vous êtes venu(e)(s)
il sont allés	ils sont partis	ils sont sortis	ils sont venus
elles sont allées	elles sont parties	elles sont sorties	elles sont venues

23 les nombres cardinaux

1 un (une)	**13** treize	**41** quarante et un	**91** quatre-vingt-onze
2 deux	**14** quatorze	**42** quarante-deux	**92** quatre-vingt-douze
3 trois	**15** quinze	**51** cinquante et un	**100** cent
4 quatre	**16** seize	**52** cinquante-deux	**101** cent un
5 cinq	**17** dix-sept	**61** soixante et un	**102** cent deux
6 six	**18** dix-huit	**62** soixante-deux	**111** cent onze
7 sept	**19** dix-neuf	**71** soixante et onze	**200** deux cents
8 huit	**20** vingt	**72** soixante-deux	**201** deux cent un
9 neuf	**21** vingt et un	**80** quatre-vingts	**1000** mille
10 dix	**22** vingt-deux	**81** quatre-vingt-un	**1001** mille un
11 onze	**31** trente et un	**82** quatre-vingt-deux	**2000** deux mille
12 douze	**32** trente-deux	**90** quatre-vingt-dix	

24 les nombres ordinaux

1er premier	**6e** sixième
1re première	**7e** septième
2e deuxième	**8e** huitième
3e troisième	**9e** neuvième
4e quatrième	**10e** dixième
5e cinquième	

vocabulaire

A

à to; at; in; **à bicyclette** on (by) bicycle; **à bientôt!** see you soon!

à cause de because of; **à côté de** beside, next to; **à demain!** see you tomorrow! **à la main** in one's hand; **à la maison** at home; **à la télé** on TV; **à mon avis** in my opinion; **à pied** on foot

abréviation *f.* abbreviation

Acadie *f.* Acadia

acadien, acadienne Acadian

accent *m.* accent, mark; **accent aigu (é); accent circonflexe (ê); accent grave (è)**

accepter to accept

achat *m.* purchase; **faire des achats** to go shopping

acheter to buy

acte *m.* act; **une pièce en trois actes** a three-act play

acteur *m.* actor

actrice *f.* actress

activité *f.* activity

addition *f.* bill, check

adjectif *m.* adjective; **adjectif possessif** possessive adjective

adorer to adore, to love

adresse *f.* address

aéroport *m.* airport

âge *m.* age; **quel âge as-tu?** how old are you?

âgé(e) old; **être assez âgé pour...** to be old enough to...

agence *f.* agency; **agence de voyages** travel agency

agent *m.* officer, agent; **agent de police** policeman

agréable kind, likeable

aider to help; **aider ... à faire quelque chose** to help ... do something

aile *f.* wing

aimable nice, kind, likeable

aimer to like; **aimer mieux** to prefer

air *m.* air; **avoir l'air...** to seem...

ajouter to add

algèbre *m.* algebra

Allemagne *f.* Germany

allemand *m.* German (language)

allemand(e) German

aller to go; **allons-y!** let's go! **ça va?** how are you? how's it going? **ça va sans dire** that goes without saying; **on y va?** shall we go? (do you) want to go? **vas-y!** go ahead! **aller au lit** to go to bed; **pour aller à ...?** can you tell me the way to ...? **aller chercher** to go and get

allô! hello! (on the phone)

alors so, well, then

alphabet *m.* alphabet

alpinisme *m.* mountaineering

ambulance *f.* ambulance

améliorer to improve; **améliorer ses notes** to improve one's marks

américain(e) American

ami *m.* friend (boy)

amie *f.* friend (girl)

amoureux(-euse) in love; **être amoureux (de)** to be in love (with)

ampoule *f.* bulb; **ampoule électrique** electric light bulb

amusant(e) funny, amusing

an *m.* year; **j'ai quinze ans** I'm fifteen (years old)

anchois *m.* anchovy

ange *m.* angel

anglais *m.* English (language)

Anglais(e) *m.* or *f.* English person

anglais(e) English

animal(-aux) *m.* animal

année *f.* year; **toute l'année** all year long; **l'année passée** last year

anniversaire *m.* birthday; **bon anniversaire!** happy birthday!

annonce *f.* announcement; **petites annonces** want ads

annoncer to announce

annonceur *m.* announcer

annuaire *m.* telephone directory

août *m.* August

appareil *m.* instrument; **appareil photo** camera; **à l'appareil** "speaking" (on the phone)

appartement *m.* apartment

appel *m.* (telephone) call; **appel interurbain** long-distance call; **faire un appel** to make a call

appeler to call, to name

s'appeler to be called; **comment t'appelles-tu?** what's your name? **je m'appelle ...** my name is ...; **il (elle) s'appelle ...** his (her) name is ...; **ils/elles s'appellent ...** their names are ...

appétit *m.* appetite; **bon appétit!** enjoy your meal! **quel appétit!** what an appetite!

apporter to bring

apprécier to appreciate; **j'apprécie**

beaucoup cela I appreciate that very much

apprendre to learn; to teach; **apprendre à faire quelque chose** to learn to do something

appris (apprendre) learned

après after; **après les classes** after school; **après tout** after all; **d'après** according to

après-midi *m.* afternoon

aquatique aquatic

arbre *m.* tree

architecte *m.* or *f.* architect

arène *f.* arena

argent *m.* money; **argent de poche** pocket money

arrestation *f.* arrest

arrêter to stop; to arrest; **arrêter de faire quelque chose** to stop doing something

arrivée *f.* arrival

arriver to arrive; **qu'est-ce qui arrive?** what's happening? **qu'est-ce qui est arrivé à ...?** what happened to ...?

art *m.* art; **les Arts** the Arts

article *m.* article; **article défini** definite article; **article indéfini** indefinite article; **article partitif** partitive article

artificiel, artificielle artificial

artiste *m.* or *f.* artist

ascenseur *m.* elevator

aspirine *f.* aspirin

assez rather, quite; enough; **c'est assez!** that's enough! **il est assez grand** he's rather tall; **je n'ai pas assez d'argent** I don't have enough money; **je l'aime assez** I like him, her, it well enough

assiette *f.* plate

assistance annuaire *f.* directory assistance

assister à to attend

association *f.* association; **les associations** word-association

assurance *f.* insurance

assurer to assure; **je vous assure que...** I assure you that...

astronomie *f.* astronomy

athlète *m.* or *f.* athlete

atlas *m.* atlas

attendre to wait (for); **attendre un peu** to wait a bit; **ça peut attendre** it can wait

attention *f.* attention; **faire attention (à)** to listen, pay attention (to)

attirer to attract

aujourd'hui today

aussi also, too; **moi aussi** me too

auto(mobile) *f.* car, automobile; **en auto** by car

autobus *m.* bus; **en autobus** by bus

automatiquement automatically

automne *m.* autumn, fall; **en automne** in (the) fall

autoroute *f.* highway

autour de around, about

autre other; **d'autres langues** other languages; **les autres** the others

avance *f.* advance; **en avance** early

avant before; **avant la fin** before the end; **avant de partir** before leaving

avec with; **avec impatience** impatiently

avenir *m.* future

aventure *f.* adventure

aventureux(-euse) adventurous, daring

avenue *f.* avenue

avion *m.* airplane; **en avion** by plane

avocat *m.* lawyer

avocate *f.* lawyer

avoir to have; **quel âge as-tu?** how old are you? **j'ai quinze ans** I am fifteen years old; **avoir beaucoup à faire** to have a lot to do; **avoir besoin de** to need; **avoir chaud** to be hot; **avoir de la chance** to be lucky; **avoir faim** to be hungry; **avoir froid** to be cold; **avoir l'air** to seem; **avoir le temps de faire quelque chose** to have the time to do something; **avoir peur (de)** to be afraid (of); **avoir raison** to be right; **avoir rendez-vous** to have a meeting, to meet; **avoir soif** to be thirsty; **avoir sommeil** to be tired; **avoir tort** to be wrong

avril *m.* April

B

babillard *m.* bulletin board

badminton *m.* badminton

bain *m.* bath; **prendre un bain** to take a bath; **salle de bains** *f.* bathroom

baiser *m.* kiss; **je vais te poser un baiser** I'm going to give you a kiss

banane *f.* banana

banque *f.* bank

barbare barbaric

barbe *f.* beard

base-ball *m.* (the game of) baseball

basketball *m.* (the game of) basketball

bataille *f.* battle

bateau(-x) *m.* boat; **en bateau** by boat

bâtiment *m.* building

bâton *m.* stick; **bâton de hockey** hockey stick; **bâton de ski** ski pole

battre to beat

bavarder to chat

beau (bel), belle, beaux beautiful; **un bel homme** a handsome man; **une belle fille** a beautiful girl; **il fait beau** it's nice (weather)

beaucoup very much; a lot; **merci beaucoup** thank you very much; **beaucoup de** many

beigne *m.* ✺ doughnut
beignet *m.* doughnut
Belgique *f.* Belgium
besoin *m.* need; **avoir besoin de** to need
bête silly
beurre *m.* butter
bibliothèque *f.* library; **bibliothèque universitaire** university library
bicyclette *f.* bicycle; **à bicyclette** by bicycle
bien well; **bien sûr!** of course! sure! **ça va bien** I'm fine, things are going well; **eh bien!** well then! **très bien!** very well! very good! **pas très bien** not very well; **bien à toi** yours truly
bienvenue! welcome! **bienvenue à ...!** welcome to ...! **soyez les bienvenus!** welcome!
bifteck *m.* steak
bikini *m.* bikini
billard *m.* billiards; **jouer au billard** to play billiards
billet *m.* ticket
biologiste *m.* or *f.* biologist
biscuit *m.* cookie, biscuit
blague *f.* joke; **sans blague!** no kidding!
blanc, blanche white
bleu(e) blue
blond(e) blond; **il a les cheveux blonds** he has blond hair
blouse *f.* blouse
boire to drink; **quelque chose à boire** something to drink; **on boit** people drink
bois *m.* wood; **en bois** wooden
boisson *f.* drink, beverage
boîte *f.* box; can; **boîte de céréales** box of cereal; **boîte de sardines** can of sardines
bol *m.* bowl
bon, bonne good; right, correct; **bon anniversaire! bonne fête!** happy birthday! **bon appétit!** enjoy your meal! **bonne chance!** good luck! **bon voyage!** have a good trip! **bonne nuit!** good night! **la bonne réponse** the right answer
bonbon *m.* candy
bonjour! hello!
boucherie *f.* butcher shop
boulangerie *f.* bakery
bouledogue *m.* English bulldog
bout *m.* end, tip; **bout du nez** tip of the nose
bouteille *f.* bottle; **une bouteille de lait** a bottle of milk
bras *m.* arm; **bras de cassé** broken arm
bravo! bravo! hooray!
bruit *m.* noise
brun(e) brown, brunette; **elle a les cheveux bruns** she has brown hair; **il a les yeux bruns** he has brown eyes
bulletin de notes *m.* report card
bureau(-x) *m.* desk; office; **au bureau** at (to) the office
but *m.* goal; **marquer un but** to score a goal

C

ça it; that; **ça dépend** that depends; **comme ça** thus, in this way; **(comment) ça va?** how are you? **ça va bien** I'm fine; things are going well; **comme ci, comme ça** so-so
cabine téléphonique *f.* telephone booth
cadeau(-x) *m.* gift, present
café *m.* coffee
cafétéria *f.* cafeteria
cahier *m.* notebook
caissier *m.* cashier
caissière *f.* cashier
calculer to calculate; **machine à calculer** *f.* calculating machine
calme calm; **rester calme** to stay calm
cambriolé(e) burglarized
cambrioleur *m.* burglar
camp *m.* camp; **camp d'été/camp de vacances** summer camp
Canada *m.* Canada; **au Canada** in (to) Canada
Canadien *m.* Canadian person
canadien, canadienne Canadian
Canadienne *f.* Canadian person
canard *m.* duck; **canard à l'orange** duck with orange sauce; **canard pressé** pressed duck
canotage *m.* canoeing
capitaine *m.* captain
carotte *f.* carrot
carte *f.* map; card; **carte postale** postcard; **jouer aux cartes** to play cards
carton *m.* cardboard
cas *m.* case; **en cas d'urgence** in case of emergency
cascadeur *m.* stuntman
casque *m.* helmet
cassé(e) broken; **il a un bras de cassé** he has a broken arm
casser to break
catégorie *f.* category, group
cause *f.* cause; **à cause de** because of
caverne *f.* cavern; cave
ce (cet), cette, ces it; this, that; **c'est ça!** that's right! **c'est combien?** how much is that? how much are they? **c'est dommage!** that's too bad! **c'est faux!** that's wrong! **c'est quand?** when is it? **c'est vrai!** that's right! **ce soir** this evening, tonight; **n'est-ce pas?** isn't it so? **qui est-ce?** who is it? who is that? **ce que** that which; what
cédille *f.* cedilla (ç)
cela that; **comme cela** thus, in this way; **cela dépend** that depends
célèbre famous

cent *m.* cent

cent one hundred; **deux cents** two hundred; **deux cent vingt** two hundred and twenty; **cent un** a hundred and one

centre *m.* centre; **centre d'achats** shopping centre

céréales *f.pl.* cereal; **boîte de céréales** *f.* box of cereal

certain(e) certain; sure; some; **être certain** to be sure

certainement certainly

chacun(e) each one; **chacun son goût** each to his own

chaise *f.* chair

chambre *f.* room; **chambre à coucher** bedroom

champignon *m.* mushroom

championnat *m.* championship

chance *f.* luck; **avoir de la chance** to be lucky; **bonne chance!** good luck! **quelle chance!** what luck!

chanceux(-euse) lucky

chandail *m.* sweater

changement *m.* change; **faire les changements nécessaires** to make the necessary changes

changer to change

chanter to sing

chanteur *m.* singer

chanteuse *f.* singer

chaque each, every

chariot *m.* cart

chat *m.* cat

chaud(e) hot; **il fait chaud** it's hot (weather); **avoir chaud** to be hot

chauffer to heat

chaussette *f.* sock; **chaussette de gymnastique** gym sock, sweat sock

chaussures *f.pl.* footwear, shoes

chauve-souris *f.* bat

cheeseburger *m.* cheeseburger

chef *m.* chief, leader; **chef (de cuisine)** chef

chemise *f.* shirt

cher, chère expensive; dear; **Cher Paul,** Dear Paul; **Chère Marie,** Dear Marie; **ça coûte trop cher** that costs too much

chercher to look for

cheveux *m.pl.* hair; **elle a les cheveux bruns** she has brown hair

cheville *f.* ankle

chez: chez lui at (to) his house; **je vais chez moi** I'm going home

chien *m.* dog

chiffre *m.* number, figure

chimie *f.* chemistry

chimiste *m.* or *f.* chemist

choc *m.* shock

chocolat *m.* chocolate; **une boîte de chocolats** a box of chocolates

choisir to choose; **choisis bien!** make the correct choice!

choix *m.* choice

chose *f.* thing; **quelque chose** something

chute *f.* waterfall

ciao! = **salut!**

cinéma *m.* movie theatre; movies

cinquième fifth

classe *f.* class; **après les classes** after school; **en classe** in class

classique classical; **musique classique** *f.* classical music

client *m.* client, customer

cloche *f.* bell

club *m.* club; **club dramatique** drama club

coiffeur *m.* barber, hairdresser; **aller chez le coiffeur** to visit the barber

coin *m.* corner; **coin des opinions** opinion corner

collection *f.* collection

collectionner to collect

combien how much; how many; **c'est combien?** how much is that? how much are they? **combien font deux et deux?** how much are two and two?

combien d'argent as-tu? how much money have you got?

combien d'élèves y a-t-il? how many students are there?

combinaison *f.* combination

comédie *f.* comedy

commande *f.* order

commander to order (an article, a meal)

comme like; as; **comme ça (cela)** thus, in this way; **comme ci, comme ça** so-so; **comme d'habitude** as usual; **comme toujours** as always; **comme tu veux** as you wish; **qu'est-ce que c'est comme ...?** what kind of ... is that?

commencer to start, to begin; **commencer à faire quelque chose** to begin to do something

comment how; **comment?** pardon? **comment ça?** how come? why is that? **comment dit-on ... en français?** how do you say ... in French? **comment est ...?** what is ... like? **comment t'appelles-tu?/comment vous appelez-vous?** what is your name? **comment s'excuser** how to excuse yourself; **comment trouves-tu ...?** what do you think of ...? **et comment!** and how! you bet!

commérages *m.pl.* gossip

compagnie *f.* company

complètement completely

compléter to complete, to finish

compliment *m.* compliment

composer to compose

comprendre to understand; **as-tu compris?** did you understand?

compris (comprendre) understood

compter to count; **compter sur** to count on

comptoir *m.* counter; **devant le comptoir** in front of (at) the counter

concert *m.* concert

confiture *f.* jam

confortable comfortable

confus(e) confused

connaissez (connaître) know; **vous connaissez sans doute** you undoutedly know

conseil *m.* piece of advice; **donner des conseils** to give advice

conseiller to advise; **je lui conseille d'attendre** I advise him to wait

conseiller *m.* (guidance) counsellor

conseillère *f.* (guidance) counsellor

content(e) happy, glad, **être content (de)** to be happy (about)

continuer to continue; **continuer à faire quelque chose** to continue to do something

contraire *m.* opposite, contrary; **au contraire!** on the contrary! **opinions contraires** opposite opinions

contravention *f.* ticket, summons

contre against

conversation *f.* conversation

copain *m.* friend, pal

copine *f.* friend, pal

corps *m.* body

correct(e) correct

correspondre to correspond, to write letters

costume *m.* costume; suit

cote d'écoute *f.* T.V., radio ratings

côté *m.* side; **d'un côté** on one side; **à côté de** beside, next to

coude *m.* elbow

couleur *f.* colour; **de quelle couleur est ...?** what colour is ...?

couloir *m.* hall

coupe *f.* cup (trophy); **coupe Stanley** Stanley cup

cour *f.* schoolyard; courtyard

courage *m.* courage

courageux(-euse) courageous

courrier *m.* mail; **par courrier** by mail; **courrier du coeur** advice to the lovelorn

course *f.* race; **course au trésor** treasure hunt

court(e) short

cousin *m.* cousin

cousine *f.* cousin

couteau *m.* knife

coûter to cost

coûteux(-euse) expensive, costly

couvrir (de) to cover (with)

crayon *m.* pencil

créateur, créatrice creative

crèche *f.* day-care centre

crème *f.* cream; **crème glacée** ice cream

crêpe *f.* thin (French) pancake

crier to shout, to cry out

critiquer to criticize

cuiller *f.* spoon; **cuiller à soupe** soup spoon, tablespoon; **cuiller à thé** teaspoon

cuisine *f.* kitchen; cooking

curieux(-euse) curious

cyclomoteur *m.* moped, small motorbike

D

d'accord! all right! okay! **être d'accord (avec)** to agree (with)

d'ailleurs besides

dame *f.* lady

danger *m.* danger

dangereux(-euse) dangerous

dans in; into; **dans une heure** in one hour (from now)

danse *f.* dance

danser to dance

danseur *m.* dancer

d'après according to

date *f.* date; **quelle est la date?** what is the date?

de of; from

décembre *m.* December

décider to decide; **je n'ai pas encore décidé** I haven't decided yet

déclaration *f.* statement

décorer to decorate

découragé(e) discouraged

découverte *f.* discovery

décris! décrivez! describe!

défaut *m.* fault, weakness

degré *m.* degree; **il fait ... degrés** it's ... degrees (weather)

déjà already; ever

déjeuner *m.* lunch; ❀ breakfast; **petit déjeuner** breakfast

déjeuner to have lunch

délicieux(-euse) delicious

demain tomorrow; **à demain!** see you tomorrow!

demande *f.* request

demander (à) to ask (for)

demi(e) half; **il est midi et demi** it's twelve-thirty; **il est une heure et demie** it's one-thirty

demi-heure *f.* half hour

démonstratif(-ive) demonstrative

dent *f.* tooth

dentiste *m.* or *f.* dentist; **aller chez le dentiste** to visit the dentist

départ *m.* departure

dépendre (de) to depend (on); **ça (cela) dépend** that depends

dépenser to spend

dernier, dernière last, final; **la dernière fois** the last time; **l'année dernière** last year

derrière behind

descendre to go/come down; **descendre en ville** to go downtown; **descendre une pente** to go/come down a hill

désirer to wish, to want; **vous désirez?** may I help you?

désolé(e) very sorry; **désolé, mais ...** sorry, but ...; **je suis désolé** I'm very sorry

dessert *m.* dessert

dessin *m.* drawing; art

dessiner to draw
déterminé(e) determined
déterminer to determine, to shape
détester to detest, to hate
deuxième second
devant in front of
développer to develop
devenir to become; **qu'est-ce que tu vas devenir?** what are you going to become?
deviner to guess
devinette f. riddle
devoir to have to; to owe
devoirs m.pl. homework
d'habitude usually; **comme d'habitude** as usual
dialogue m. dialogue, conversation
dictionnaire m. dictionary
difficile difficult
difficulté f. difficulty
diligent(e) diligent, hard-working
dimanche m. Sunday
dîner m. dinner, supper; ✦ lunch
dîner to dine, to eat dinner
dire to say; **dis donc!** say! tell me! **dis à ... que** tell ... that; **elle dit bonjour** she says hello; **ça va sans dire** that goes without saying
directeur m. principal; **sous-directeur** vice-principal
directrice f. principal; **sous-directrice** vice-principal
discuter (de) to discuss; **à discuter** for discussion
disque m. record
distribuer to distribute, to hand out
dit (dire) said
dixième tenth
docteur m. doctor
documentaire m. documentary
doigt m. finger
dollar m. dollar
dominateur, dominatrice domineering
dommage: c'est dommage! that's

too bad!
donc so, therefore; **téléphone donc...** why don't you call... **voyons donc!** oh, come on now! **dis donc!** say! tell me!
donner (à) to give (to)
dorer to brown
dossier m. file
douane f. Customs; **à la douane** at the Customs
douche f. shower
doute m. doubt; **sans doute** doubtless, no doubt
douzaine f. dozen; **une douzaine de pommes** a dozen apples
dramatique dramatic; **club dramatique** m. drama club
drame m. drama
droit(e) right; **à droite** to/on the right
droit m. law
drôle curious, funny, odd; **un/une drôle de ...** a funny sort of ...
dû (devoir) had to
durer to last
dynamique dynamic

E

eau f. water
échanger to exchange
échecs m.pl. chess; **jouer aux échecs** to play chess
école f. school
écossais(e) Scottish
écouter to listen (to)
écouteur m. (telephone) receiver
écrire to write; **écris! écrivez!** write!
écriture f. (hand)writing, script
éducation f. education; **éducation physique** physical education
eh bien! well then!
électrique electric; **ampoule électrique** f. electric light bulb; **batterie électrique** f. electric battery; **guitare électrique** f. electric guitar

électronique electronic
électrophone m. record player
élève m. or f. pupil, student
élimination f. elimination; **élimination des mots** word elimination
élision f. elision
émission f. program (on TV, radio)
emploi m. job
emploi du temps m. time-table
employé m. employee
employée f. employee
employer to use
emporter to take away; **à manger ici ou à emporter?** to eat here or to take out?
emprunter to borrow
en in; into; by; **en face de** in front of, facing; **en même temps** at the same time; **en panne** out of order; **en plus ...** furthermore, besides; **en réalité** really; **en retard** late; **en une heure** in one hour
encore again; **pas encore** not again; not yet; **encore plus grand** even greater; **encore une fois** again, once more
endroit m. place; **au même endroit** in the same place
énergique energetic
enfant m. or f. child
enfin at last, finally
ennemi m. enemy
ennuyeux(-euse) boring
énorme enormous, huge
ensemble together; **tout ensemble** all together
entendre to hear
enthousiaste enthusiastic
entier, entière entire, whole
entre between; **entre nous** between us
entrée f. entrance; main course
entrer to enter
enveloppe f. envelope

épais, épaisse thick; **lunettes épaisses** *f.pl.* thick glasses
épaule *f.* shoulder
épaulière *f.* shoulder pad
épicerie *f.* grocery store
équilibre *m.* balance; **perdre l'équilibre** to lose one's balance
équipe *f.* team
équitation *f.* horseback riding
équivalent(e) equivalent, similar
erreur *f.* error
escalier *m.* staircase
escargot *m.* snail
espace *m.* space
espagnol *m.* Spanish (language)
espagnol(e) Spanish
espérer to hope; **j'espère que...** I hope that...
essayer to try; **essayer de** to try to
essentiel: ça, c'est l'essentiel that's the main thing
essoufflé(e) out of breath
est *m.* east
et and; **et alors?** so (then) what? **et comment!** and how! you bet! **et puis?** and then? **et toi?** and you? **et vous?** and you? how about you?
étage *m.* storey, floor (of a building); **au dixième étage** on the tenth floor
États-Unis *m.pl.* United States
été *m.* summer; **en été** in (the) summer
été (être) been
étoile *f.* star
étrange strange
étranger, étrangère foreign
être to be; **être d'accord (avec)** to agree (with); **être dans la lune** to daydream; **être en train de faire quelque chose** to be in the middle of doing something
étudiant *m.* student
étudiante *f.* student
étudier to study
eu (avoir) had

européen, européenne European
évidemment evidently, apparently
exagérer to exaggerate; **tu exagères!** you're exaggerating! come off it!
examiner to examine, to inspect
exaspéré(e) exasperated
excellent(e) excellent
excuse *f.* excuse
excuse(z)-moi pardon me, excuse me
exemple *m.* example; **exemple typique** typical example; **par exemple** for example
existant(e) existing, present
exister to exist
expérimenter to experiment
expliquer to explain
explorer to explore
explosion *f.* explosion; **explosion des mots** word explosion
expression *f.* expression, term
extra super, terrific

F

fâché(e) angry
facile easy; **c'est facile de ...** it's easy to ...
facilement easily
façon *f.* way, manner
facteur *m.* mailman
faim *f.* hunger; **avoir faim** to be hungry
faire to do, to make; **ça fait combien?** how much is that? **combien font deux et deux?** how much are two and two? **faites des phrases!** create sentences! **faites le 411** dial 411; **il fait ...** it's ... (weather or temperature); **faire attention (à)** to listen, to pay attention (to); **faire de la photo** to take pictures (hobby); **faire de la planche à roulettes** to skateboard; **faire des achats** to

go shopping; **faire de son mieux** to do one's best; **faire du saut à skis** to ski-jump; **faire du ski** to ski; **faire du sport** to play sports; **faire la grasse matinée** to sleep in; **faire la vaisselle** to do the dishes; **faire le ménage** to do the housework; **faire un appel** to make a call; **faire un barbecue** to have a barbecue; **faire une promenade** to go for a walk; **faire partie de** to be a member of, to be on/in; **à faire tout seul** to be done by yourself
fait *m.* fact; **au fait** as a matter of fact, in fact
fait (faire) done
fameux(-euse) (in)famous, notorious
famille *f.* family
fantastique fantastic, super
farine *f.* flour
fatigué(e) tired
fauché(e) broke (no money)
faute *f.* fault, mistake; **c'est de ma faute** it's my fault
faux, fausse false, not true; **c'est faux!** that's wrong! **vrai ou faux?** true or false?
favori, favorite favorite
féminin(e) feminine
femme *f.* woman; wife
fenêtre *f.* window
fermé(e) closed, shut
fête *f.* birthday; celebration; **bonne fête!** happy birthday!
feuille *f.* sheet (of paper)
février *m.* February
fibre de verre *m.* fibreglass
fiche *f.* index card; **remplir une fiche** to fill out a card
fille *f.* girl; daughter; **jeune fille** young girl
film *m.* film, movie
fils *m.* son
fin *f.* end; **fin de semaine** ❀ weekend

final(e) final; **c'est le match final** it's the last game

fini(e) finished, ended; **les vacances sont finies!** the holidays are over!

finir to finish, to end

fleur *f.* flower

fleuriste *m.* or *f.* florist

fleuve *m.* river

fois *f.* time, occasion; **cette fois** this time; **la dernière fois** the last time; **encore une fois** once again; **la prochaine fois** the next time; **six fois cinq font trente** six times five are thirty

fond *m.* end, bottom; **au fond de** at the end of

fonds d'artichaut *m.pl.* artichoke hearts

foot *m.* football, soccer

football *m.* (the game of) soccer or ⚽ football

forêt *f.* forest

forme *f.* form

former to form

formidable great, terrific

fort loud, strong; **parler plus fort** to speak louder; **être fort en …** to be good at/in …

fortune *f.* fortune; **coûter une fortune** to cost a fortune

fou, folle crazy

fourchette *f.* fork

frais, fraîche fresh, cool; **il fait frais** it's cool (weather)

français *m.* French (language); **en français** in French

Français(e) *m.* or *f.* French person

français(e) French

France *f.* France; **en France** in (to) France

franchement frankly, honestly

frère *m.* brother

frigo *m.* fridge, refrigerator

frites *f.pl.* French fries

froid(e) cold; **il fait froid** it's cold (weather); **avoir froid** to be cold

fromage *m.* cheese

frontière *f.* frontier, edge; **aux frontières de l'espace** on the space frontier

fruits de mer *m.pl.* seafood

fusée *f.* rocket

futur *m.* future; **le futur proche** the near future

G

gagner to earn; to win

galaxie *f.* galaxy; **De la Terre aux galaxies** From Earth to the Stars

gant *m.* glove

garage *m.* garage

garagiste *m.* or *f.* garage owner

garçon *m.* boy; waiter; **garçon de table** waiter

garder to keep; **garder les enfants** to babysit

gare *f.* train station

garni(e) decorated; **tout(e) garni(e)** with the "works"

gars *m.* guy, fellow; **un gars gonflé** a daring fellow

gâté(e) spoiled

gâteau(-x) *m.* cake; **gâteau d'anniversaire** birthday cake

gauche left; **à gauche** to/on the left

gazon *m.* grass; lawn; **le hockey sur gazon** field hockey

généralement generally

généreux(-euse) generous

genou(-x) *m.* knee

géographie *f.* geography

géométrie *f.* geometry

gérant *m.* manager

gérante *f.* manageress

geste *m.* sign, gesture; **les gestes parlent** gestures have meaning

glace *f.* ice (cream); **le hockey sur glace** ice hockey

glacé(e) ice-cold, frozen

golf *m.* golf

gomme *f.* eraser

gonflé(e) daring; **un gars gonflé** a daring fellow

goût *m.* taste; **chacun son goût** each to his own; **on a les mêmes goûts** we share the same interests

goûter *m.* snack

gouvernement *m.* government

grasse: faire la grasse matinée to sleep in

grand(e) big, tall; **grand magasin** *m.* department store

grand-mère *f.* grandmother

grand-père *m.* grandfather

grands-parents *m.pl.* grandparents

grandir to grow (up)

grave serious; **ce n'est pas grave** it's not serious, it's O.K.

grenouille *f.* frog

grille *f.* grid

gris(e) grey

gros, grosse big, fat

grotte *f.* cave

groupe *m.* group

guerre *f.* war

guidé(e) guided; **guidé par ordinateur** guided by computer

guitare *f.* guitar

guitariste *m.* or *f.* guitarist

gymnase *m.* gym(nasium)

gymnastique *f.* gymnastics; **chaussette de gymnastique** *f.* gym sock, sweat sock

H

habiter to live in (at)

hamburger *m.* hamburger

haut(e) high; **de haute qualité** of high quality

heure *f.* hour; time; **à l'heure** on time; **quelle heure est-il?** what time is it? **de bonne heure** early; **en une heure** in one hour; **c'est l'heure de** it's time for; **il est deux heures** it's two o'clock; **il est une heure du matin** it's one o'clock in the morning

heureux(-euse) happy

hier yesterday

histoire *f.* history; story; **raconter une histoire** to tell a story

hiver *m.* winter; **en hiver** in (the) winter

hockey *m.* hockey; **hockey sur gazon** field hockey; **hockey sur glace** ice hockey; **match de hockey** hockey game

hollandais *m.* Dutch (language)

homme *m.* man

honnête honest

hôpital *m.* hospital

horizontalement horizontally; across

horreur *f.* horror; **quelle horreur!** how awful! what a disaster!

hors d'oeuvre *m.* appetizer

hôtel *m.* hotel

hôtesse *f.* stewardess

huitième eighth

humanité *f.* humanity

humour *m.* humour; **sens de l'humour** *m.* sense of humour

I

ici here

idée *f.* idea

identifier to identify

identité *f.* identity

Île-du-Prince-Édouard Prince Edward Island

il y a there is; there are; **il n'y a pas de mal** it's all right; **il n'y a pas de quoi** don't mention it; **qu'est-ce qu'il y a?** What's the matter?

illustré(e) illustrated

image *f.* picture

imaginer to imagine; **imaginez(-vous) que...** imagine that...

imbécile! (you) dope! dummy!

imiter to imitate

immeuble *m.* (apartment) building

impatience *f.* impatience; **avec impatience** impatiently

impatient(e) impatient

important(e) important

impulsif(-ive) impulsive

incendie *m.* fire

inconnu(e) unknown

indépendant(e) independent

indicatif régional *m.* area code

indiquer to indicate

infirmier *m.* nurse

infirmière *f.* nurse

influençable easily influenced

information *f.* information; **informations sportives** sports news

ingénieur *m.* engineer

insecte *m.* insect

instant *m.* moment; **à cet instant** at that moment; **un instant!** just a minute! **attendre un instant** to wait a moment

instruction *f.* instruction

intellectuel, intellectuelle intellectual

intelligent(e) intelligent

intéressant(e) interesting

intéressé(e) interested; **être intéressé à** to be interested in

interprète *m.* or *f.* interpreter

interruption *f.* interruption

interview *f.* interview

inventer to create, to invent

inventeur *m.* inventor

invention *f.* invention

inviter to invite

iroquois(e) Iroquois

irresponsable irresponsible

irrité(e) irritated, annoyed

italien *m.* Italian (language)

italien, italienne Italian

J

jalousie *f.* jealousy

jaloux, jalouse jealous

jamais (ne ... jamais) never; **il ne parle jamais** he never speaks

jambe *f.* leg; **jambe de cassée** broken leg

jambière *f.* shinpad

jambon *m.* ham

janvier *m.* January

jardin *m.* garden

jaune yellow

jeans *m.pl.* jeans

jeu *m.* game; set; **jeu de badminton** badminton set; **jeu de cartes** game of cards; deck of cards; **jeu d'échecs** chess set

jeudi *m.* Thursday

jeune *m.* or *f.* young person, teenager

jeune young; **une jeune fille** a young girl

job *m.* or ❀ *f.* job

joli(e) pretty

jouer to play; **jouer à un sport** to play a sport; **jouer aux cartes** to play cards; **jouer aux échecs** to play chess; **jouer d'un instrument de musique** to play a musical instrument; **jouer un rôle** to play a role

joueur *m.* player; **joueur de hockey** hockey player

jour *m.* day; **les jours de la semaine** the days of the week; **ce jour-là** that day; **quel jour est-ce?** what day is it?

journal *m.* newspaper; diary

journée *f.* day(time); **quelle journée!** what a day! **toute la journée** all day (long); **la journée est finie** the day is over

joyeux(-euse) joyful, happy

juillet *m.* July

juin *m.* June

jupe *f.* skirt

juste fair; **ce n'est pas juste** that's not fair

justement exactly, just so; **justement!** that's just it!

K

karaté *m.* karate
ketchup *m.* ketchup
kilo(gramme) *m.* kilogram (kg);
 un kilo de sucre a kilogram of
 sugar

L

la, l' *pron.* her; it
là there; **là-bas** over there, down
 there
laboratoire *m.* laboratory
lac *m.* lake
laisser to leave (behind)
lait *m.* milk; **lait frappé** milk shake
lame *f.* blade
lancer to launch; to throw; **lancer
 un satellite** to launch a satellite
lanceur *m.* (baseball) pitcher
langue *f.* language; **langues
 germaniques** Germanic
 languages; **langues romanes**
 Romance languages; **langue
 vivante** living language
lavabos *m.pl.* toilets
laver to wash
laveur de vitres *m.* window-washer
le, l' *pron.* him; it
leçon *f.* lesson
lecture *f.* reading
légume *m.* vegetable
lendemain *m.* next day
lentement slowly
les *pron.* them
lettre *f.* letter; **lettre majuscule**
 capital letter
leur *pron.* (to) them
leur(s) *adj.* their
liaison *f.* liaison
liberté *f.* liberty
librairie *f.* bookstore
libre free
ligne *f.* line
limite *f.* limit; **sans limites**
 limitless

lire to read; **lis!/lisez!** read! **lisons!**
 let's read! **aimer lire** to like to
 read
liste *f.* list
lit *m.* bed; **au lit** to bed; in bed
litre *m.* litre (L); **un litre
 d'orangeade** a litre of orangeade
livre *m.* book
livreur *m.* delivery boy/girl
loin far; **loin de** far from
loisirs *m.pl.* leisure activities,
 pastimes
long, longue long
Louisiane *f.* Louisiana
lui (to) him/her; **avec lui** with
 him/her
lumière *f.* light
lundi *m.* Monday
lune *f.* moon; **être dans la lune** to
 daydream
lunettes *f.pl.* (eye)glasses; **porter
 des lunettes épaisses** to wear
 thick glasses

M

M. (monsieur) Mr.
ma my
machine *f.* machine
madame Mrs.
mademoiselle Miss
magasin *m.* store; **magasin de
 disques** record store; **grand
 magasin** department store
magnétophone *m.* tape recorder
magnifique wonderful, great,
 magnificent
mai *m.* May
main *f.* hand; **à la main** in one's
 hand
maintenant now
mais but; **mais oui!** why yes!
maison *f.* house
majorité *f.* majority
majuscule: lettre majuscule *f.*
 capital letter

mal badly; **ça va mal** things are
 going badly; **il n'y a pas de mal**
 it's all right
malade sick, ill
maladie *f.* sickness, disease
malheureusement unfortunately
malheureux(-euse) unhappy
maman *f.* mom
manger to eat; **à manger ici ou à
 emporter?** to eat here or to take
 out?
manière *f.* manner, way
manquer to miss; to be missing;
 manquer l'autobus to miss
 the bus; **mots qui manquent**
 missing words
manteau(-x) *m.* overcoat
maquillage *m.* make-up
marcher to work, to function;
 to walk; **ça ne marche pas!** it
 doesn't work! **devoir marcher** to
 have to walk
mardi *m.* Tuesday
mari *m.* husband
marquer to score; **marquer un but**
 to score a goal
mars *m.* March
masculin(e) masculine
masque *m.* mask
match *m.* game; **match de hockey**
 hockey game
mathématiques *f.pl.* mathematics
maths *f.pl.* mathematics
matière *f.* (school) subject
matin *m.* morning; **lundi matin**
 (on) Monday morning; **tous les
 matins** every morning
matinée: faire la grasse matinée
 to sleep in
mauvais(e) bad; **mauvaises notes**
 bad marks (at school); **il fait
 mauvais** it's bad (weather)
mécanicien *m.* mechanic
mécanicienne *f.* mechanic
mécanique *f.* mechanics
médecin *m.* doctor; **médecin de
 famille** family doctor

meilleur(e) better; best; **meilleur ami** best friend
mélanger to mix
mélangeur électrique *m.* electric mixer/blender
membre *m.* member
même *adv.* even; **quand même** anyway, even so
même *adj.* same; **en même temps** at the same time; **la même chose** the same thing; **les mêmes goûts** *m.* the same interests
mémoire *f.* memory
ménage *m.* housework; **faire le ménage** to do the housework
menu *m.* menu
merci thank you; **merci beaucoup** thank you very much; **merci de...** thank you for...
mercredi *m.* Wednesday
mère *f.* mother
mes my
mesdames ladies
mesdemoiselles ladies
message *m.* message
messieurs gentlemen
météore *f.* meteor
mètre *m.* metre; **plonger les dix mètres** to do the ten-metre dive
métro *m.* subway; **en métro** by subway; **prendre le métro** to take the subway; **station de métro** *f.* subway station
metteur en scène *m.* director
mettre to put; **mettez au pluriel!** put into the plural! **on met** they put; **je veux vous mettre à ma place** I want to put you in my place
micro *m.* microphone, "mike"; **devant le micro** in front of the microphone
midi *m.* noon; **midi et demi** twelve-thirty
mieux better; best; **aimer mieux** to prefer; **ça va mieux** that's

better; I'm feeling better; **c'est beaucoup mieux** that's a lot better; **faire de son mieux** to do one's best; **il va mieux** he's feeling better
mignon, mignonne cute
mil thousand (with dates); **mil neuf cent quatre-vingts** (the year) nineteen-eighty
mille thousand
millier *m.* thousand; **milliers d'ailes** thousands of wings
million *m.* million; **cent millions de personnes** a hundred million people
ministre *m.* minister; **le premier ministre** the Prime Minister, Premier
minuit *m.* midnight; **minuit et demi** twelve-thirty (at night)
minute *f.* minute; **minute!** hold on a minute! not so fast!
miroir *m.* mirror
Mlle (mademoiselle) Miss
Mme (madame) Mrs.
modèle *m.* model, example
moderne modern
moi me, I; **moi aussi** me too; **moi-même** myself; **chez moi** at (to) my house
moins *prep.* less, minus; **il est deux heures moins (le) quart** it's a quarter to two (one forty-five); **il fait moins sept degrés** it's minus seven degrees (−7°); **six moins deux font quatre** six minus two is four; **moins de** less, not so much, not so many
moins *adv.* less; **moins fort** not so loudly
mois *m.* month
moment *m.* moment; **à ce moment-là** at that moment; **en ce moment** at this time, right now
mon my
monde *m.* world; **tout le monde**

everybody, everyone; **le monde du cinéma** the movie world/ scene
moniteur *m.* instructor
monitrice *f.* instructress
monsieur *m.* gentleman
monsieur sir; Mr.
montagne *f.* mountain
monter to go up, to come up
montre(-bracelet) *f.* wristwatch
montrer to show, to point out
mort(e) dead
mort *f.* death
mot *m.* word; **mot-ami** easy word; **mots croisés** crossword puzzle
moteur *m.* motor
moto(cyclette) *f.* motorcycle; **à moto** by motorbike
moto-cross *m.* moto-cross
motoneige *f.* snowmobile
moulin *m.* windmill; **moulin à phrases** "sentence factory"
moutarde *f.* mustard
musée *m.* museum
musicien *m.* musician
musique *f.* music
mystère *m.* mystery
mystérieux(-euse) mysterious

N

nager to swim
nageur *m.* swimmer
naître to be born; **je suis né(e) le vingt avril** I was born on April 20
nappe *f.* tablecloth
natation *f.* swimming
nationalité *f.* nationality
naturel, naturelle natural
naturellement naturally
navré(e) terribly sorry
ne ... pas not; **ce n'est pas ton stylo!** that's not your pen! **ce n'est pas vrai!** that's not true! **ça ne va pas!** that won't do!

things aren't going well! **n'est-ce pas?** isn't it so? **je n'ai pas de livre** I don't have a book

ne ... jamais never; **il ne parle jamais** he never speaks; **je n'ai jamais d'argent** I never have any money

né(e): je suis né I was born; **quand es-tu né?** when were you born?

nécessaire necessary

neige *f.* snow

neiger to snow; **il neige** it's snowing

nerveux(-euse) nervous

n'est-ce pas? isn't it so? don't you? aren't we? haven't they? etc.

neuvième ninth

nez *m.* nose; **nez cassé** broken nose

noir(e) black

nom *m.* name; noun

nombre *m.* number

non no; **mais non!** not at all! **non plus** neither, (not) either

normal(e) normal

normalement normally

norvégien *m.* Norwegian (language)

nos our

note *f.* mark (at school)

notre our

nouveau (nouvel), nouvelle, nouveaux new

Nouveau-Brunswick *m.* New Brunswick

nouvelles *f.pl.* the news (report)

Nouvelle-Écosse *f.* Nova Scotia

novembre *m.* November

nuit *f.* night; **bonne nuit!** good night!

numéro *m.* number, numeral; **numéro de téléphone** telephone number; **numéro d'assurance-maladie** health insurance number

O

objet *m.* object; **objets perdus** lost-and-found

observation *f.* observation

obtenir to obtain, to get

occupé(e) occupied, taken; busy

océan *m.* ocean

octobre *m.* October

oeil (les yeux) *m.* eye

oeuf *m.* egg

offre *f.* offer; **offre d'emploi** job offer

oh là là! wow!

oignon *m.* onion

on we; you; they; people; **on dit que...** they say that...; **on y va!** let's go!

oncle *m.* uncle

opinion *f.* opinion

optimiste optimistic

orange *f.* orange

orangeade *f.* orangeade

orbite *m.* orbit; **en orbite** in orbit

orchestre *m.* orchestra

ordinateur *m.* computer; **guidé par ordinateur** guided by computer

ordre *m.* order; command; **dans le bon ordre** in the right order

oreille *f.* ear

organisé(e) organised

organiser to organise

origine *f.* origin

ou or; **vrai ou faux?** true or false?

où where

oublier to forget

oui yes

ouvert(e) open

ouvert (ouvrir) opened

P

pain *m.* bread

paire *f.* pair; **une paire de jeans** a pair of jeans

panne *f.* breakdown; **en panne** out of order

pantalon *m.* (pair of) trousers

papa *m.* dad

papier *m.* paper

par by

parachute *m.* parachute

parc *m.* park

parce que because

pardon! pardon me! **pardon?** pardon?

parent *m.* parent; **grands-parents** grandparents

paresseux(-euse) lazy

parler to speak, to talk; **parlé(e)** spoken; **tu parles!** you must be kidding! oh yeah, sure!

parmi among

parole *f.* word; **ma parole!** my word!

part *f.* share; **faire sa part** to do one's share

partager to share

partenaire *m.* partner

participation *f.* participation

participer (à) to participate (in)

partie *f.* part, portion; game; **faire partie de** to be part of, to be on/in; **partie de tennis** tennis game; **perdre la partie** to lose the game

partir (de) to leave, to go away (from)

partout everywhere

party *f.* or ✦ *m.* party

pas (see **ne ... pas**): **pas de problème!** no problem! **pas du tout** not at all; **pas très bien** not very well; **pas mal** not bad; **pas possible!** incredible! wow! **pas question!** no way! **pas vrai!** you don't say!

passager *m.* passenger

passé *m.* past; **le passé composé** the past tense (of verbs)

passé(e) last, past; **l'année passée** *f.* last year

passer to pass; to spend; **le temps passe vite!** time passes quickly! time flies! **passer un week-end** to spend a weekend

passer à/chez to stop by; **passer à l'épicerie** to stop by the grocery store; **passer chez Paul** to stop by Paul's house

se passer: qu'est-ce qui se passe? what's happening? what's going on?

pâte *f.* batter

pâté de foie gras *m.* goose liver spread

patin *m.* skate; **patin à roulettes** roller skate

patiner to skate

patineur *m.* skater

pâtisserie *f.* pastry shop

patron *m.* boss

payer to pay (for)

pays *m.* country

pendant during

pénible tiresome; **il est pénible!** he's a pain!

penser to think; **qu'en penses-tu? qu'en pensez-vous?** what do you think (of that)?

penseur *m.* thinker

pente *f.* hill, slope; **descendre une pente** to go/come down a hill

perdre to lose

père *m.* father

permis de conduire *m.* driver's licence

personnalité *f.* personality

personne *f.* person

personnel, personnelle personal

petit(e) small, little; **petites annonces** *f.pl.* want ads; **le petit déjeuner** breakfast

petits pois *m.pl.* peas

peu *m.* little; **un peu** a little bit; **un peu d'histoire** a little history; **un peu plus loin** a little further; **attendre un peu** to wait a bit

peu *adv.* little, not much; **tu parles peu** you don't speak much; **j'ai très peu d'argent** I have very little money

peut-être maybe, perhaps

pharmacie *f.* drugstore

phénomène *m.* phenomenon

photo *f.* photograph; **faire de la photo** to take pictures (hobby)

phrase *f.* sentence; **phrase complète** complete sentence; **phrase affirmative** affirmative sentence; **phrase négative** negative sentence

pianiste *m.* or *f.* pianist

piano *m.* piano

pièce *f.* room; piece; play

pied *m.* foot; **à pied** on foot

pilote *m.* or *f.* pilot; **pilote de ligne** airline pilot

pincée *f.* pinch

Ping-Pong *m.* Ping-Pong

pique-nique *m.* picnic

piscine *f.* swimming pool

pizza *f.* pizza

place *f.* place

placeur *m.* ❈ usher

placeuse *f.* ❈ usherette

plafond *m.* ceiling

plaisanter to joke, to kid; **tu plaisantes!** you're kidding!

plaisir *m.* pleasure; **avec plaisir** with pleasure; **quel plaisir!** how enjoyable!

plaît: s'il te plaît/s'il vous plaît please

plan *m.* diagram, plan

planche *f.* board; **planche à roulettes** skateboard; **planche à surfing** surfboard; **faire de la planche à roulettes** to skateboard

planète *f.* planet

planifier to plan

plastique *m.* plastic; **en plastique** (made of) plastic

plat *m.* dish (plate or food)

pleut: il pleut it's raining

plonger to dive; **plonger les dix mètres** to do the ten-metre dive

plongeur *m.* diver

pluie *f.* rain

pluriel *m.* plural; **au pluriel** in the plural

plus more; **en plus** besides; **encore plus grand** even bigger; **non plus** (not) either, neither; **le plus grand** the largest; **plus important que** more important than; **plus tard** later; **plus de** more, greater

poêle *f.* frying pan

poème *m.* poem

poétique poetic

point *m.* point; **point de vue** point of view

poivre *m.* pepper (spice)

poivron vert *m.* green pepper (vegetable)

policier, policière *adj.* police, detective

policier *m.* detective show, movie

politesse *f.* politeness

politique *f.* politics

pomme *f.* apple

pomme de terre *f.* potato

pompiste *m.* or *f.* gas-pump attendant

pont *m.* bridge

populaire popular

portatif(-ive) portable

porte *f.* door

portefeuille *m.* wallet

porter to wear

portugais *m.* Portuguese (language)

portugais(e) Portuguese

poser to ask; **poser une question** to ask a question

possibilité *f.* possibility

possible possible; **pas possible!** unreal! incredible!

poster *m.* poster

potage *m.* soup; **potage au cerfeuil** chervil soup

poterie *f.* pottery

pouding *m.* pudding

poulet *m.* chicken; **poulet rôti** roast chicken

pour for; **pour aller à …?** can you tell me the way to…?

pourboire *m.* tip, gratuity

pourquoi why; **pourquoi pas?** why not?

pousser to push

pouvoir to be able (to); **ça peut attendre** it can wait; **puis-je…?** may I…?

pratique practical

pratique *f.* practice, drill

précéder to precede, to come before

précis(e) precise; **à neuf heures précises** at nine o'clock sharp

préciser to specify

préférer to prefer

préhistorique prehistoric

premier, première first; **le premier ministre** the Prime Minister, Premier; **le premier juin** (on) June 1

prendre to take; **prendre le dîner** to eat dinner; **prendre le train** to take the train; **prendre rendez-vous** to make an appointment; **prendre un bain** to take a bath

préparer to prepare

préposition *f.* preposition

près (de) near, close (to); **tout près** right near

présentation *f.* presentation, performance

présenter to introduce, to present

président *m.* president

présidente *f.* president

presque nearly

pressé(e) in a hurry

prêt(e) ready; **être prêt à …** to be ready to …

printemps *m.* spring; **au printemps** in (the) spring

pris (prendre) taken

privé(e) private

probablement probably

problème *m.* problem; **pas de problème!** no problem!

prochain(e) next; **la prochaine fois** the next time; **le mois prochain** next month

proche nearby, near; **le futur proche** the near future

prof(esseur) *m.* teacher

profession *f.* profession

profiter de to take advantage of, to make the most of

programmation *f.* programming

projet *m.* plan; **projet d'avenir** future plan

projeté(e) projected, future

promenade *f.* walk; **faire une promenade** to take a walk

pronom *m.* pronoun

prononcer to pronounce; **prononce(z) bien!** pronounce correctly!

proposer to propose

propriétaire *m.* or *f.* owner

protège-cheville *m.* ankle guard

protège-coudes *m.* elbow pad

protège-dents *m.* mouthpiece

protester to protest, to object

prouver to prove; **prouve-moi que…** prove to me that…

pu (pouvoir) able to

publicité *f.* publicity

puce *f.* flea

puis next, then

pull-over *m.* pullover, sweater

pupitre *m.* student's desk

Q

qualité *f.* quality; **de bonne qualité** of high quality

quand when; **c'est quand?** when is it? **quand même** anyway, all the same

quart *m.* quarter; **il est une heure et quart** it's one-fifteen; **il est deux heures moins (le) quart** it's a quarter to two

quatrième fourth

que *conj.* that, which, whom

que *pron.* what; that; which; whom; **que sais-je?** what do I know? **qu'en penses-tu?** what do you think (of that)? **que fais-tu?** what are you doing? **qu'est-ce que c'est?** what is it? what's that?

Québec *m.* Quebec (province); **au Québec** in (to) Quebec

quel, quelle which, what; **quel appétit!** what an appetite! **quel est ton numéro de téléphone?** what is your phone number? **quel temps fait-il?** what's the weather like? **quelle est la température?** what is the temperature? **quel âge as-tu?** how old are you? **quelle vie!** poor me! what a life!

quelque some, a few; **quelque chose** something; **quelque chose à faire** something to do; **quelque chose d'extraordinaire** something amazing; **quelques exemples** a few examples

quelquefois sometimes

question *f.* question; **questions personnelles** personal questions; **pas question!** no way! **poser une question** to ask a question; **être question de** to be a question of, to be about

qui *pron.* which; who; **qui est-ce?** who is it? who is that?

quitter to leave; **ne quittez pas!** don't hang up!

quoi what; **il n'y a pas de quoi** don't mention it; **je ne sais pas trop quoi** I don't really know what; **qui a fait quoi?** who did what?

R

raconter to relate, to tell; **raconter une histoire** to tell a story

radio *f.* radio; **à la radio** on the radio

raison *f.* reason; **avoir raison** to be right

raisonnable reasonable

ranger to tidy, to clean up

rapide fast

rapidement quickly

rappel *m.* return call

rappeler to call back

rapporter to bring back

raquette *f.* racquet; snowshoe; **raquette de tennis** tennis racquet

rarement rarely

réaliste realistic

réceptionniste *m.* or *f.* receptionist

recette *f.* recipe

recommencer (à) to begin again (to)

récréation *f.* recess; recreation; **salle de récréation** recreation room

réfléchir (à) to think (about), to consider

réflexion *f.* reflection, thought

refuser (de) to refuse (to)

regard *m.* look, glance

regarder to look (at)

régime *m.* diet

règle *f.* ruler; rule

regretter to regret; **je regrette, mais...** I'm sorry, but...; **je regrette d'être en retard** I'm sorry to be late

relatif(-ive) relative; **tout est relatif** everything is relative

remarquer to notice; **as-tu remarqué?** did you notice?

remonter to go back up

remplacement *m.* replacement

remplacer to replace

remplir to fill; **remplir une fiche** to fill out a card

rencontrer to meet

rendez-vous *m.* appointment; **avoir rendez-vous** to have

an appointment; **prendre rendez-vous** to make an appointment

renseignement *m.* (piece of) information

rentrer to return (home); **rentrer dans** to crash into; **rentrer tard** to come home late

réparer to repair

repas *m.* meal

répéter to repeat; to rehearse

répétition *f.* repetition; rehearsal

répondre (à) to answer; **répondez s'il vous plaît!** please answer! **réponds-moi!** answer me!

réponse *f.* answer; **en réponse à** in answer to; **la bonne réponse** the right answer; **réponse complète** full answer

reportage *m.* report, commentary

réseau *m.* network; system

responsable responsible

restaurant *m.* restaurant

rester to stay; to remain

résultat *m.* result

retour *m.* return

retourner to return, to go back

réussir to succeed; **réussir à faire quelque chose** to succeed in doing something

réveil *m.* alarm clock

réveillez-vous! wake up!

revue *f.* magazine

rez-de-chaussée *m.* ground floor, main floor

rien: de rien! you're welcome!

rigolade *f.* laugh, joke

rimer to rhyme

rivière *f.* river

robe *f.* dress

rôle *m.* role, part; **jouer un rôle** to play a part; **oublier son rôle** to forget one's lines

Romain *m.* Roman

roman(e) Romance (from Latin); **langues romanes** *f.pl.* Romance languages

romantique romantic

rondelle *f.* ❅ hockey puck

rosbif *m.* roast beef

roue *f.* wheel

rouge red

rouler to roll (up)

route *f.* road; highway; **en route!** off we go! let's go! **en route pour** on the way to

rubrique *f.* column

rue *f.* street

Russe *m.* or *f.* Russian

S

sa his; her; its

sac *m.* bag; **sac d'oignons** bag of onions

sais (savoir) je sais I know; **je ne sais pas** I don't know; **je ne sais pas trop quoi** I don't really know what; **que sais-je?** what do I know? **tu sais** you know

saison *f.* season

salade *f.* salad

salaire *m.* salary

salle *f.* room; **salle à manger** dining room; **salle de bains** bathroom; **salle de classe** classroom; **salle de récréation** recreation room; **salle des professeurs** staff room

salon *m.* living room

salut! hi!

samedi Saturday; **le samedi** on Saturdays

sandale *f.* sandal

sandwich *m.* sandwich; **sandwich sous-marin** submarine sandwich

sans without; **sans blague!** no kidding! **sans doute** doubtless

sardine *f.* sardine; **une boîte de sardines** a can of sardines

saut *m.* jump, jumping; **faire du saut à skis** to ski-jump

sauter to jump; **sauter en parachute** to go parachute-jumping

saviez: saviez-vous? did you know?

savoir to know; **vous savez** you know; **saviez-vous?** did you know? **savoir-dire** word ability; **savoir-faire** know-how

scène *f.* scene

sciences *f.pl.* science

scientifique *m.* or *f.* scientist

secours: au secours! help!

secrétaire *m.* or *f.* secretary

sel *m.* salt

se passer: qu'est-ce qui se passe? what's going on?

selon according to

semaine *f.* week; **les jours de la semaine** the days of the week

sembler to seem

sens *m.* sense; meaning; **sens de l'humour** sense of humour

sensass super, great

sensible sensitive

sentiment *m.* feeling

septembre *m.* September

septième seventh

séquence *f.* sequence; **séquence filmée** film clip

sergent *m.* sergeant

sérieux(-euse) serious

serpent *m.* snake

serveuse *f.* waitress

service *m.* service; favour; **service des messages téléphoniques** telephone answering service; **service des urgences** emergency department; **à votre service!** glad to be of help!

serviette *f.* towel; napkin

servir to serve

ses his; her; its

seul(e) alone; only; single

seulement only

sévère strict

si *adv.* so

si! yes! (in answer to a negative question)

si *conj.* if; **s'il te plaît/s'il vous plaît** please

signe *m.* sign; **tu es quel signe?** what sign are you?

similarité *f.* similarity, similar feature

singulier *m.* singular; **au singulier** in the singular

sixième sixth

ski *m.* skiing; **ski de fond** cross-country skiing; **ski nautique** water-skiing; **faire du saut à skis** to ski-jump; **faire du ski** to go skiing

snack-bar *m.* snack bar

soccer *m.* ❄ soccer

soeur *f.* sister

soif *f.* thirst; **avoir soif** to be thirsty

soir *m.* evening; **ce soir** this evening, tonight

soirée *f.* evening

Soleil *m.* Sun

solution *f.* solution

sombre dark; **il fait sombre** it's dark, dull (weather)

sommet *m.* top

son his; her; its

sondage d'opinion *m.* opinion survey

sonner to ring

sophistiqué(e) sophisticated

sorte *f.* sort, kind

sortie *f.* outing; exit

sortir (de) to leave, to go out (of)

soucoupe *f.* saucer

soulier *m.* shoe

soupe *f.* soup

souper *m.* ❄ dinner, supper

sous under(neath)

sous-directeur *m.* vice-principal

sous-directrice *f.* vice-principal

sous-marin(e) submarine, underwater; **sandwich sous-marin** *m.* submarine sandwich

sous-terrain(e) underground

sous-total *m.* sub-total

souvenir *m.* souvenir

souvent often, frequently

souviens: je me souviens! I remember!

spectacle *m.* show

spectateur *m.* spectator

sport *m.* sport; **faire du sport** to play sports

sportif(-ive) athletic, fond of sports; **informations sportives** *f.pl.* sports news

squelette *m.* skeleton

stade *m.* stadium

station *f.* station; **station de radio** radio station; **station de métro** subway station

stationner to park

stupide dumb, stupid

style *m.* style

stylo *m.* pen

substitution *f.* substitution

succès *m.* success

sucre *m.* sugar

suédois *m.* Swedish (language)

suédois(e) Swedish

suffit: ça suffit that's enough

suggestion *f.* suggestion

suisse Swiss

Suisse *f.* Switzerland

suivant(e) following

suivez: suivez le modèle! follow the example!

sujet *m.* subject

superficiel, superficielle superficial

supermarché *m.* supermarket

sur on

sûr sure, certain; **bien sûr!** of course!

surprise *f.* surprise; **un cadeau-surprise** surprise gift

surpris(e) surprised

surtout above all, especially

S.V.P.(s'il vous plaît) please

sympa(thique) likeable

système *m.* system; **système solaire** solar system

T

T-shirt *m.* T-shirt
ta your
table *f.* table
tableau(-x) *m.* chalkboard, blackboard
tablette *f.* bar; **tablette de chocolat** bar of chocolate
tac: du tac au tac give and take
tante *f.* aunt
tard late
tarif *m.* fare; price; rate
tarte *f.* pie; **tarte aux pommes** apple pie
tasse *f.* cup
taxi *m.* taxi
technologie *f.* technology
télé *f.* TV, television; **à la télé** on TV
téléphone *m.* telephone; **numéro de téléphone** telephone number; **au téléphone** on the phone
téléphoner (à) to telephone
téléphonique telephone; **cabine téléphonique** *f.* telephone booth; **conversation téléphonique** *f.* telephone conversation
téléphoniste *m.* or *f.* telephone operator
téléspectateur *m.* T.V. viewer
température *f.* temperature; **quelle est la température? quelle température fait-il?** what is the temperature?
temps *m.* time; weather; **temps libre** free time, spare time; **de temps en temps** from time to time, now and then; **en même temps** at the same time; **je n'ai pas le temps!** I don't have time! **le temps passe vite!** time flies! **quel temps fait-il?** what's the weather like? **tout le temps** all

the time; **avoir le temps (de)** to have time (to)
tennis *m.* tennis
Terre *f.* Earth; **De la Terre aux galaxies** From the Earth to the Stars
Terre-Neuve *f.* Newfoundland
terrible terrible; great, super
tes your
test *m.* test
tête *f.* head
thé *m.* tea
théâtre *m.* theatre; **pièce de théâtre** *f.* stage play
théorie *f.* theory; **théorie de la relativité** theory of relativity
tiens! look!
timbre(-poste) *m.* (postage) stamp
timide timid, shy
tirer to pull
toi you; **et toi?** and you? how about you? **pour toi** for you; **bien à toi** yours truly; **toi-même** yourself
toilettes *f.pl.* washrooms
tomate *f.* tomato; **jus de tomates** tomato juice
tomber to fall (down)
ton your
tôt soon; **tôt ou tard** sooner or later
toujours always; **comme toujours** as always
tour *m.* tour, visit
tour *f.* tower; **la tour CN** the CN Tower (Toronto) **la tour Eiffel** the Eiffel Tower (Paris)
touriste *m.* or *f.* tourist
touristique tourist; **guide touristique** tourist guide
tourne-disque *m.* record player
tourner to turn; **tourner à droite** to turn right; **tourner à gauche** to turn left
tournoi *m.* tournament
tout(e), tous all, every; **tous les jours** every day; **tout à coup**

suddenly; **tout ça** all that; **tout de suite** right away, immediately; **tout droit** straight ahead; **tout ensemble** all together; **tout garni** with "the works"; **tout le monde** everyone, everybody; **tout est relatif** everything is relative; **toute la journée** all day (long); **après tout** after all; **c'est tout!** that's all!
toutefois however, all the same
traduisez! translate!
train *m.* train; **en train** by train; **être en train de faire quelque chose** to be in the middle of doing something
tranche *f.* slice; **tranche de pizza** slice of pizza
transformer to transform, to change completely
travail *m.* work; **au travail!** (get) to work!
travailler to work
travailleur *m.* worker
très very; **très bien!** very well! very good!
trésor *m.* treasure; **course au trésor** *f.* treasure hunt
triste sad
troisième third
trop too much; too many; **tu parles trop!** you talk too much!
trouver to find; **se trouver** to be situated
typique typical

U

uniforme *m.* uniform
unité *f.* unit
univers *m.* universe
urgence *f.* emergency; **en cas d'urgence** in case of emergency; **service des urgences** *m.* emergency department
urgent(e) urgent

usage *m.* usage, use; **le bon usage** proper usage
utile useful
utiliser to use

V

va-et-vient *m.* comings and goings
vacances *f.pl.* holidays, vacation; **en vacances** on vacation
vaisselle *f.* dishes; **faire la vaisselle** to do the dishes
valeur *f.* value; **valeur nutritive** nutritional value
valise *f.* suitcase
vanille *f.* vanilla; **un lait frappé à la vanille** a vanilla milk shake
vaniteux(-euse) vain
véhicule *m.* vehicle
vendeur *m.* salesman; **vendeur de billets** ticket seller
vendeuse *f.* saleslady; **vendeuse de billets** ticket seller
vendre to sell; **à vendre** for sale
vendredi Friday
venir to come
venu (venir) came
verbe *m.* verb
vérifier to verify, to check
verre *m.* glass
vers towards; about (with time); **vers une heure** about one o'clock
verser to pour
vert(e) green
verticalement vertically; down
veste *f.* jacket
vêtements *m.pl.* clothes, clothing
viande *f.* meat
vie *f.* life; **c'est la vie!** that's life! **vie académique** academic life
village *m.* village
ville *f.* city; **en ville** in (to) town; downtown
vin *m.* wine
vinaigre *m.* vinegar

violent(e) violent
violet, violette violet, purple
violon *m.* violin; **jouer du violon** to play the violin
violoniste *m.* or *f.* violinist
vingtième twentieth
visite *f.* visit
visiter to visit
visiteur *m.* visitor
vite quickly, fast; **vite!** hurry up! quick! **le temps passe vite!** time flies!
vivant(e) living, alive; **la langue vivante** living language
vive/vivent long live; **vive le français!** long live French! hooray for French!
voici here is, here are; **le/la voici!** there he/she/it is! **les voici!** here they are!
Voie lactée *f.* Milky Way
voilà there is; there are
voir to see
voisin *m.* neighbour
voiture *f.* car; **voiture de sport** sports car; **en voiture** by car
voix *f.* voice; **à haute voix** out loud
vol *m.* robbery; flight; **vol delta** hang gliding
volant *m.* badminton bird
voler to rob; to fly
voleur *m.* thief, robber
volley-ball *m.* (the game of) volleyball
vos your
voter to vote
votre your
vouloir to want (to); **vouloir, c'est pouvoir** where there's a will, there's a way; **vouloir dire** to mean
voulu (vouloir) wanted (to)
voyage *m.* voyage, trip; **voyage de noces** honeymoon
voyager to travel
voyageur *m.* traveller
voyelle *f.* vowel

voyons... let's see...; **voyons donc!** oh, come on now!
vrai(e) true; **c'est vrai!** it's true! that's right! **pas vrai!** you don't say! **vrai ou faux?** true or false?
vraiment really, truly
vue *f.* view

W

W.C. *m.pl.* washrooms
week-end *m.* weekend
western *m.* western

Y

yeux (un oeil) *m.pl.* eyes; **il a les yeux bleus** he has blue eyes

Z

zéro zero
zut! darn it!

index